松井 慎一郎 著
Shinichiro MATSUI

近代日本における

功利と道義

福沢諭吉から石橋湛山まで

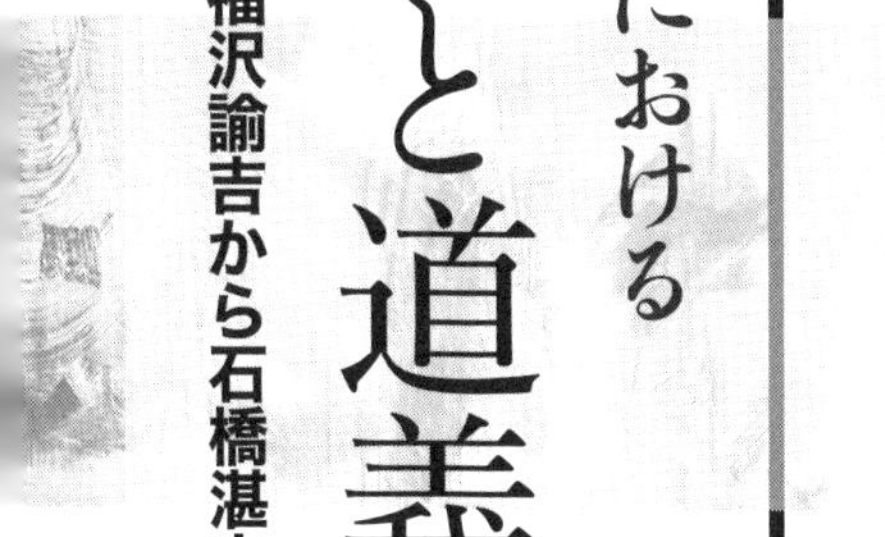

北樹出版

目次

近代日本における功利と道義

――福沢諭吉から石橋湛山まで――

序章

昨今、地球温暖化が原因とされる自然災害や疫病等に我々は悩まされている。環境考古学者の安田喜憲は、温暖化の原因を市場原理主義が支配する現代文明そのものに見ており、我々が「大量生産・大量消費」の活動様式を変更しない限り、二〇二五年あたりから世界は深刻な水不足の状態に陥り、二〇七〇年ぐらいには、現代文明は崩壊して、人類も絶滅する危険性があると指摘している。(1)こうした指摘は、年を追うごとに益々現実味を帯びつつあるように思える。また、二〇一一年の東日本大震災後は、未曾有の原発事故が発生したこともあり、自己の利益や欲望を追求して次々と新たな商品を作り出してそれを大量に売ることで成り立つ「成長社会」を否定し、物の豊かさより「絆」や「つながり」といった人間的な豊かさを求める「成熟社会」への転換を指摘する声があがるようになってきた。(2)快適な生活の向上こそ幸福の証しと考えてきた我々のこれまでのライフスタイルは、現在、再考を迫られつつあるといえる。

かつて我が国には、社会全体で、自己の利益や欲望を追求する功利的価値観を否定して、世のため人のために尽くすことを最優先とする道義的価値観を強調した時代があった。「大東亜戦争」(3)と呼ばれた戦争の時代である。「大東亜戦争」の「大東亜」とは、戦闘地域を指すものではなく、「大東亜共栄圏」の建設のための戦争という意味で用いられたのであり、自国の生存・防衛というより、西洋列強に虐げられてきたアジアを解放するという大義を強調したものであった。

高村光太郎は、真珠湾攻撃のあった日の夕刊の第一面に「危急の日に」と題する詩を発表したが、[4]そこでは、「われは義と生命とに立ち、／かれは利に立つ。／われは義を護るといひ／かれは利の侵略といふ。／出る杭を打たんとするは彼にして、／東亜の大家族をつくらんとするは我なり」というように、「道義」対「功利」[5]の戦争という図式が早速用いられている。十二月八日の「宣戦の詔書」には、「帝国ハ今ヤ自存自衛ノ為蹶然《けつぜん》起ツテ一切ノ障礙《しょうがい》ヲ破砕《はさい》スルノ外ナキナリ」とあることからも、こうした図式は、上から一方的に押し付けられたものというより、排日移民法可決や日米通商航海条約廃棄通告等の日米間の外交的衝突とともに反米感情を強めていった多くの国民に共有されたものであった。やがて、産業力で圧倒的に上回る相手の前に敗退を繰り返していくなかで、一層、道義的価値観の優位が強調されていくことになった。その結果、「絶望的抗戦期」[6]に突入すると、道義の前には自ら進んで犠牲となるべしという「自己犠牲」の精神が賞賛され、「特攻」や「玉砕」といった前代未聞の戦法が繰り返されることになったのである。

しかし、社会的にいかに道義が強調されようとも、国民すべてがそうした価値観に基づいて生活することができたのかといえば、もちろんそうではない。敗戦の八十日前ですら（というより八十日前だからというべきか）、国民における道義の頽廃について次のような指摘があった。[7]

最近主として大都市において著るしく感じられるものは、社会倫理の頽れが次第に幅広くひどくなりかけて来てゐることである。例へていへば、とげとげした不親切、荒々しい言葉遣ひ、我勝ちに先を争ふ利己的態度といふやうな風潮がいかに日々の社会生活を不愉快にし、お互に住みにくい世の中に押し詰め合つてゐるかは誰しもが感じてゐるところであらうと思はれる。道義の頽廃をいかにして粛正すべきかは、極めて緊急な今日の一大課題である。

人間という動物から功利的価値観をすべて抜き去ることなど不可能である。そのことは、道義的行為の骨頂と賞賛された当の特攻兵ですら気づいていた。終戦の直前に特攻訓練中に命を落とした学徒兵・杉村裕は、沖縄でアメリカ軍と壮絶な戦いが繰り広げられていた頃の日記（一九四五年五月十二日条）に、次のように記している。

アメリカ的なもの―漠然とこう呼ぶ―は、確かにプレザントだ。快適である。生活の快適であるということは、人の心を容易に捉えて離さない。アメリカ的なものが日本的なものより―例えば、フィリッピンの如きにおいて―歓迎されやすいということは、我々として大いに考えるべき問題を含んでいるだろうと思う。日本人が日本古来の伝統を振りかざしても、あまりにも狭量に、あまりにも排他的に、あまりにも独善的に他に対することを反省せぬ限り、東亜共栄圏の完全なる成立は望まれないのではないか?（中略）ただ望むのは「人間」の全般的見方である。大きな目で人間というものを見たときに、衣食住というものが相当に大きなスペースを占めて問題となり、これを快適にすることが相当に大きい意味を有することを、改めて――判《わか》り切ったことが往々に軽視される――強調したいのだ。理想国家は――古めかしい言葉を引張り出したが――各人の生活をカムファタブルにすることを当然責任とするだろう。従来の為政者はおのれの愚鈍から、かかる理想に遠いのを糊塗《こと》するために、ことさらに精神主義を振り回したきらいがあるのではないか？　とにかく、偏見に捉われずに、アメリカ的なるものの長所に目を向けることをせぬと、わが国も決して長くはないと、俺は思う(8)。

東京帝国大学法学部で政治学を学んだ杉村は、国民総生産で約十二倍も上回るアメリカを相手に戦争することの無謀さ、そして、圧倒的な力の差を糊塗するために「万邦無比」の日本精神を振り回して国民の戦意を煽る軍部政府の思惑をはっきりと見抜いていたのである。

近代日本の歩みを振り返ってみても、「大東亜戦争」期のように国内をあげて道義や大義の歓呼に酔いしれた時代は特殊である。日本のアジア侵略については、しばしば道義的な観点から正当化されてきたが(9)、場合によっては、功利的な観点からの指摘に注目が集まることもあった。たとえば、満洲事変勃発の年（一九三一年）の一月、第五十九議会衆議院本会議で幣原喜重郎外相への質問に立った山口県選出の松岡洋右議員が「満蒙問題は、私は是は我国の存亡に係はる問題である、我が国民の――我が国民の生命線であると考へて居る。国防上にも亦経済的にも左様に考へて居る」と発言し、「生命線」という言葉がその年の流行語となった。[10] また、第一議会の施政方針演説（一八九〇年十二月六日）において、山県有朋首相が次年度の予算案を通すべく強く訴えたのが、「主権線」（日本列島）とともに「利益線」（朝鮮半島）の守禦であった。[11] このように、近代日本の大陸拡張主義が国策レベルでは、軍事的経済的な利益を追求するものであったことは否定できない。インフラ整備や人口増加などの点から朝鮮統治の正当性を主張する日本に対して、朝鮮民族が強く反発したのは、道義を最高目的とする儒教的民本主義の政治文化を持っていたため[12]大日本帝国の功利という価値観を理解できなかったからと見ることもできよう。

江戸時代の為政者および知識階級の頭脳は、基本的に儒学の「義利の弁」に支配されており、それは、当然のことながら、道義を重んじて功利を軽視するという「重義軽利」の考えであった。[13] しかし、ペリー来航以降の急速な西洋近代文明摂取の過程において、功利的価値観が浸透して、商工業における利潤の追求が肯定され、やがて、それがエゴイズムや拝金主義にまで歪められ、社会に多くの弊害をもたらすこととなった。そして、その反動として、明治中期以降、教育勅語をはじめとして国民道徳の強化が叫ばれるようになっていくのである。武家の基本法典として知られる御成敗式目（一二三二年制定）が「たゞ道理のおすところを被記《しるされ》候者也[14]」と、道理（道義）に沿って定められたことからも象徴されるように、我々日本人の行動規範の基底には、常に道義的価値観が存在しており、功利的価値観の専横を妨げる働きをなしてきたといえる。それは、社会や集団の調和をはかるという点では大きな作用をなしたが、逆をいえば、社会や集団の前に個が犠牲になる可能性を孕むものでもあった。自らの欲望を基点とする功利的価値観とは違い、「世のため人のため」という道義的価値観は、万人を納得せしむる魅力を持っているため、その内実を問われる機会がないまま、時に暴走することがある。

明治初期に、福沢諭吉が「私利は公益の基にして、公益は能く私利を営むものあるに依て起る可《べ》きものなり[15]」と、「公益」（道義）と「私利」（功利）が相反するものではないと主張していたにもかかわらず、それから六十年以上の時を経て、石橋湛山が「公益は、実に其の個人の私益追求心を道具として、最も善く達成せられる如く、人間は本来出来ているのである[16]」とほぼ同様の発言をしていることは、近代日本において、道義と功利という二つの価値観が反目し、うまく調和されてこなかったことを示している。

「大東亜戦争」でその道徳心・倫理観を鼓舞され、自らの利害を省みずに戦争へと動員されていった国民は、敗戦によって、大日本帝国が崩壊し、深刻な食糧難に立たされると、道義への熱を一気に冷まし、功利に向かってひたすら歩み出していった。道義への反発が、国民をして、必要以上に功利へと向かわしめたことは否めない。戦後の経済大国を可能にした功利的価値観の追求は、道義を名目に戦争へと追いやられた苦い過去へ後戻りするのを防ぐ平和の道であったといえないこともない。しかし、功利的価値観を優先してきた結果、社会の様々な面で問題が生じ、今や、その克服を目指して、道徳の教科化に象徴されるように、道義的価値観への揺り戻しが起きているといえる。今後、注意していかねばならないのは、その道義的価値観が自発的主体的に導かれずに上から押さえつけられたものとなり、功利的価値観が排除されてしまうことである。道義と功利の二つの価値観をバランスよく保つことで、我々の生活は安定したものとなろう。

これまで近代日本における思想の歩みは、伝統と近代、保守と革新、全体と個、理想と自然、国家と社会などの対立軸から考察する機会が多かったが、ここでは、功利と道義という対立軸から振り返ることとしたい。そのことにより、従来の観点からは見えにくかった日本近代思想の問題点を剔抉することができるかもしれないし、また、行き詰まった現代の社会経済を建て直すヒントを導き出すことができるかもしれない。

以下、明治期の福沢諭吉から昭和期の石橋湛山にいたるまでの主な思想家を取り上げ、彼らの言説から功利と道義の問題を考察していくことにする。

（1）安田喜憲『生命文明の世紀へ』第三文明社、二〇〇八年。
（2）たとえば、天野祐吉『成長から成熟へ』（集英社新書、二〇一三年）など。
（3）近年、日本近現代史学界においては、一九四一年十二月からアメリカおよびイギリスとの間で開始された戦争を「アジア・太平洋戦争」と呼んでいるが、本書では、当時の為政者や知識人たちがこの戦争に込めた意図や国民の反応等を問題にするため、あえて「大東亜戦争」という呼称を用いることにする。
（4）『読売新聞　夕刊』一九四一年十二月九日付。当時の夕刊の日付は翌日のものになっていた。
（5）本書で使用する功利という語は、『菅子』等で説くところの功名と利得という意味であり、ベンサムが「最大多数の最大幸福」という語で体系化した、イギリスの伝統的倫理思想であるUtilitarianismを指しているわけではない。Utilitarianismが「功利主義」と訳されてきたことの不当性に関しては、山田孝雄「英国功利主義の日本への導入についての一考察」（『帝京短期大学紀要』三、一九七九年九月）を参照。

（6）吉田裕は、マリアナ沖海戦敗北後の一九四四年八月から四五年八月の敗戦にいたるまでの時期を「絶望的抗戦期」と呼んでいる。『日本軍兵士—アジア・太平洋戦争の現実』中公新書、二〇一七年、一九頁。
（7）「社説　戦力源としての道義」『朝日新聞』一九四五年五月二十五日付。
（8）日本戦没学生記念会編『新版　きけわだつみのこえ』岩波文庫、一九九五年、三五〇〜三五一頁。
（9）たとえば、韓国併合時の新聞メディアは、「韓人の日本人となることは韓人の為に幸福なるべし」（「合併後の日韓人」『大阪朝日新聞』一九一〇年八月二十六日付）、「日韓合併は即ち世界向上史の貴き一頁なるを看取すべし」（「世界向上史の一頁」『萬朝報』一九一〇年八月二十七日付）というように、日本の利益ではなく、韓国のため世界のためという観点を強調するものがあった。
（10）江口圭一『十五年戦争の開幕』（文庫版『昭和の歴史』第四巻）小学館、一九八八年、二二一〜二二三頁。
（11）加藤陽子は、ローレンツ・フォン・シュタインが留学中の山県に主権線・利益線の概念を明示的に教えたと指摘している。加藤陽子『戦争の日本近現代史』講談社現代新書、二〇〇二年、八五頁。
（12）朝鮮の政治文化については、趙景達『近代朝鮮と日本』（岩波新書、二〇一二年）を参照。
（13）于臣『渋沢栄一と〈義利〉思想』ぺりかん社、二〇〇八年、五頁。
（14）「北条泰時消息」、貞永元（一二三二）年九月十一日、『日本思想大系』第二一巻、岩波書店、一九七二年、四〇頁。
（15）福沢諭吉「私の利を営む可き事」一八七七年四月、『福澤諭吉全集』第一九巻、岩波書店、一九六二年、六三四頁。
（16）石橋湛山「公益の増進には個人の私利心の尊重を要す」一九三八年四月、『石橋湛山全集』第一一巻、東洋経済新報社、一九七二年、六四頁。

※　本書中の引用文は、原則として原文のとおりに表記したが、旧漢字は常用漢字に改め、一部の漢字については、振り仮名を付けるなど読みやすくした。

第一章　福沢諭吉の富国強兵論

はじめに

かつて丸山眞男は、福沢諭吉（一八三五～一九〇一）について「ある意味では明治期の思想家のなかで今日彼ほどかつがれながら彼ほど理解されなかった、したがって本当の意味では私達の思想に影響を与えていない人は少いような気がします[1]」と発言した。福沢の思想をいかに理解・評価するかにもよるだろうが、戦後十三年ほどしか経ていない時期における丸山の発言を、高度経済成長を経て経済大国として発展していったその後の日本にあてはめることは可能であろうか。一九八四年に最高紙幣の肖像に選ばれ、今日においてもその座を守り続けているのは、単にかつがれただけのことではないように思える。福沢の代名詞といえる独立自尊の精神が真の意味で日本国民に定着してきたとは到底いいがたいが、資本主義イデオロギーとしての福沢思想もしくは福沢的な考え方は、福沢在世から日本社会に少なからざる影響を及ぼしてきたように思える。

ここでは、国民の価値観を、儒教道徳に基づく道義から資本主義を牽引する功利へと大きく転換

させたという視点で福沢の思想を考察していくこととする。(2)

1 「独立自尊」

中津藩下級藩士の家に生まれ、父を早くに亡くした福沢は、家庭の事情から幼少期に学問をする機会を与えられなかった。福沢が塾に通い始めたのは、数え年にして十四、五歳になってからであり、それまでに彼の思想や人格はある程度形成されていたものと考えられる。『福翁自伝』には、主君の奥平大膳大夫《おくだいらだいぜんのたいふ》の名が記されている反故を踏みつけたり、養家の稲荷社の御神体を入れ替えても平然としていた幼少期の様子が綴られているが、(3)このことは福沢が権威や秩序といったものに対して一定の距離を置くことができたことを示している。「武士は食わねど高楊枝」の気概が一般的であった武家社会において、将来の夢を「日本一の大金持になつて思ふさま金を使ふて見やうと思ひます」ときっぱりいうことのできる少年であった。(4)晩学の福沢は、儒教教育を通じて封建道徳の洗礼を受ける以前に、自己の主体性を確立することができていたのである。「兄三之助が早くから孝悌忠信一点張りの封建教学に凝り固まってしまっている間、諭吉は潑溂たる天性を自由に展開させることができたのである」との指摘(5)のとおりである。

また、福沢のパーソナリティーを考察する上で欠かせないのは、彼の独特な対人関係である。『福翁自伝』には、適塾時代の交友関係が綴られているが、三刀元寛《みとうげんかん》という人物に、福沢は「鯛の味噌漬」と称してフグを食べさせ、消化が済む時間になって実のことを明かし、「今吐剤《とざい》を飲んでも無益だ。河豚の毒が吐かれるなら吐て見ろ」と述べるあたりは、福沢自身も回想しているように冗談としては度が過ぎている。[6] また、手塚良庵（のちの良仙。漫画家・手塚治虫の曾祖父）が心を入れ替えて遊郭通いを止め勉学に勤しんでいた様子を見て、福沢は「面白くない」と悪戯心を動かし、手塚贔屓の遊女になりすまして偽のラブレターを書き、手塚をして再び遊郭へと向かわせた。[7] このエピソードは、福沢の並外れた高い文章力（遊郭に行ったことのない福沢は想像力だけで遊女になりすまして手紙を書いた）もさることながら、友人に対する極めてシニカルな態度を示している。父の死後、大坂から中津に帰郷し、上方と九州の文化の違いもあって、近所の子供たちと打ちとけて遊ぶことがなく、しかも塾に通わなかったことで学友さえいなかった福沢は、家族以外に親しく交わる機会を得られなかった。晩年においても、「本当に朋友になつて共々に心事を語る所謂莫逆《ばくげき》の友と云ふやうな人は一人もない」と言い切っているほどである。[8]

後述する石橋湛山が他者を無邪気に信じてかかる性格であった[9]のに対して、福沢は身内以外の人物を全面的に信頼することができなかったようである。慶應義塾は我が国における授業料制度の濫觴として知られるが、「僕は学校の先生にあらず、生徒は僕の門人にあらず[10]」と、師弟の情誼という点に関して淡白であった福沢だからこそ、「教授も矢張り人間の仕事だ、人間が人間の仕事をして金を取るに何の不都合がある、構ふことはないから公然価《あたい》を極めて取るが宜い[11]」と、教員・生徒間を金銭で結びつける近代的な教育制度を速やかに導入することができたのである。福沢が思い描く師弟関係とは、精神的にも経済的にも自立した個人と個人とが、「実学」すなわち近代科学を通じて結び付くというものであった。学問のみならず人生全般に対する教えを施そうとする師と、それに従順たる弟子という封建時代の濃厚な師弟関係に対する強い反発があった。

君臣、師弟、父子、夫婦、長幼等の封建道徳に代わって、新たに社会・国家の秩序を形成するものとして、福沢が尊重したのが「独立自尊」の精神であった。

議院政治の仕組の如きも、固《もと》より世の為め国の為めなど云ふ大造《たいぞう》なるの事柄に依て出来たるものにあらず、全く己《おの》れの事は己れに取て之を行ひ、人に頼まず又頼まれずとの利己主義より外ならず。若しも然らずして天下の為め抔《など》云へることを目的として此仕組をなしたらば、大なる間違を生ずべし。蓋《けだ》し天下とは個々人々の集合したるものを総称したる名目にして、一人一個の外に天下なるものある可《べか》らず。故に人々自ら己れの利を謀《はか》りて、他人に依頼せず又他人の依頼を受けず、一毫《ごう》も取らず一毫も与《あた》へずして、独立独行の本分を守りたらば、期せずして自《おのず》から天下の利益となり、天下は円滑に治《おさま》るべし(12)。

世のため人のためという公共道徳を持たずとも、構成員一人ひとりが己の欲するままに行動することで、社会・国家の秩序は保たれる。これは、市場の自動調整作用を認めるアダム・スミスの「見えざる手」や最大多数の最大幸福を説くベンサムの功利主義と同様の考えである。

そして、周知のように、この「独立自尊」の精神は、個人の問題としてだけでなく、国家の問題としても強調されるのである。

貧富強弱の有様は天然の約束に非ず、人の勉と不勉とに由て移り変る可きものにて、今日の愚人も明日は智者と為る可く、昔年の富強も今世の貧弱と為る可し。古今其例少なからず。我日本国人も今より学問に志し気力を慥《たしか》にして先づ一身の独立を謀り、随て一国の富強を致すことあらば、何ぞ西洋人の力を恐るゝに足らん。道理あるものはこれに交り、道理なきものはこれを打払はんのみ。一身独立して一国独立するとは此事なり[13]。

2 弱肉強食の国際情勢

福沢が一国の独立を強調するようになった背景には、その国際情勢認識の変化が存在していた。開国直後に「世界中広きことなれば、飲食衣服住宅等は土地の寒暖又旧来の風習にて国々異なることもある可けれども、人情は古今万国一様にて、言葉の唱へこそ違へ仁義五常の教なき国はなし[14]」と主張していた福沢は、明治維新後、西洋列強への不信感を一気に膨らませる。『文明論之概略』（一八七五年）における次の文章は、その象徴的なものである。

抑《そもそ》も外人の我国に来るは日尚浅し。且今日に至るまで我に著《いちじる》しき大害を加へて我面目を奪ふたることもあらざれば、人民の心に感ずるもの少なしと雖《いえ》ども、苟《いやしく》も国を憂るの赤心あらん者は、聞見を博くして世界古今の事跡を察せざる可《べか》らず。今の亜米利加《アメリカ》は元と誰の国なるや。其国の主人たる「インヂヤン」は、白人のために逐《お》はれて、主客処を異にしたるに非《あら》ずや。故に今の亜米利加の文明は白人の文明なり、亜米利加の文明と云ふ可らず。此他東洋の国々及び大洋洲諸島の有様は如何ん、欧人の触る、処にてよく其本国の権義と利益とを全《まっと》ふして真の独立を保つものありや。「ペルシャ」は如何ん、印度《インド》は如何ん、暹邏《シャム》は如何ん、呂宋呱哇《ルソンジャワ》は如何ん。（中略）欧人の触る、所は恰《あたか》も土地の生力を絶ち、草も木も其成長を遂ること能《あた》はず。甚しきは其人種を殲《つく》すに至るものあり。是等の事跡を明にして、我日本も東洋の一国たるを知らば、仮令《たと》ひ今日に至るまで外国交際に付き甚しき害を蒙《こうむり》たることなきも、後日の禍《わざわい》は恐れざる可らず。(15)

西洋列強に向けて国を開いて以来、実際にはさほどの損害を受けていないにもかかわらず、彼らのこれまでの非文明諸国に対する所行をあげ連ね、「後日の禍」を警告するあたりは、努めて論理的な文章を展開してきた福沢には、珍しく乱暴な議論といえるかもしれない。『文明論之概略』以降、福沢の西洋列強への認識が変化した要因については、これまで多くの指摘がされてきたが、(16)ここでは、彼の比較文化論的視点に基づいて考察していく。

松沢弘陽が指摘するように、(17)福沢は明治初年、アメリカの法律家・経済学者E・P・スミスの示唆によって、日本と西洋における文化の相違についての考察を試みている。外務省法律顧問として一八七一年から七六年まで日本に滞在していたスミスは、日本人向けの経済学概論を著すため、日本の文明発達段階における特質について、書翰を通じて福沢の意見を求めてきた。[18]スミスは、一般的に世界の民が「狩猟」「遊牧」「農耕」の三段階をたどってきたのに対して、日本人は遊牧段階を経ることなく、狩猟段階から農耕段階へ一挙に跳び越えたという特質を有しており、遊牧と深く結びついている奴隷制も存在しないと指摘する。このスミスの指摘に触発された福沢は、自ら『日本書紀』を繙くなどして日本史を調べ、日本の特質を確認した。福沢の自筆ではないが、福沢の文体によって書かれ、福沢家に保存されていたメモには、「日本ノ人民ハ各国ノ歴史沿革三段ノ有様ヲ経ザルモノ丶如シ」「我人民ハ往古ヨリ肉食ヲ以テ穢《けが》レタルモノトセリ」「日本ハ古ヨリ耕作ノ国ナル可シ」「『スレーヴリ』ノ事ハ古《いにしえ》ヨリ嘗《かつ》テ其痕跡ヲモ聞カザルコトナリ」との文章が見られる。[19]福沢は、こうした日本の特質に関心を持ち続け、H・スペンサーの社会進化論等の影響もあり、一八七五年から七八年までの備忘録である「覚書」では次のような比較文化論的考察を行っている。

日本人の起源は農なり。農は処を定めて、動くこと少なし。人民久しく同居すれば其友情も亦厚し。一方に友情厚くして一方に武力の偏重あり。ナチュラルセレクションの行はれずして人民の卑屈なる所以《ゆえん》。即ち今の卑屈人民は早く当初に在て消滅す可き筈の者なるを、仁恵の偽説のために、恰《あたか》も一国の糟粕を万世に遺《のこ》したるものなり。○西洋人の起源は獵者牧者にして処を定めず、初より殺伐奪掠《さつばつだつりゃく》の気風有てナチュラルセレクションの出来たるものなり。此論は深遠。青面書生には分らぬことなり。多くの実証を集めて後に人に示す可し。[20]

日本人の起源は処を定たる農民なるが故に、交情深くして、仮令《たと》ひ貧弱の者と雖ども富強に対して憤怒《ふんぬ》の心少なし。西洋の人は其起原処を定めざる牧民又は獵者にして、加之《しかのみならず》各種族互に言語を異にし、之が〔為〕其交情薄くして残忍なり。故に貧富強弱相接すれば貧弱者常に憤怒の念深し。是即ち西人の粗暴なる所以なり。[21]

結果的に「多くの実証」を収集することができなかったのか、こうした比較文化論が著述となって表明されることはなかった。[22] 国語学・日本文化論を専門とする芳賀綏は、文化人類学、地理学、考古学、歴史学、民俗学、政治学、社会学、動物学などの広範囲に及ぶ学術成果を取り入れて、ユーラシア大陸の大半を占める乾燥地帯では、牧畜という生業の伝統により、他者を支配しようとする攻撃性の「凸《とつ》型文化」が形成されたのに対して、多雨湿潤の気候で豊饒《ほうじょう》な海に囲まれ、稲作漁撈を生業としてきた日本列島には、他者との和合をもとめる、やわしき心を本領とする「凹《おう》型文化」が受け継がれてきたと指摘している。[23] 比較文化論が発達していない明治期においては、いかに福沢とはいえ、実証的に論じることは難しかったであろう。しかし、西洋列強のアジア進出が拡大するにつれ、西洋人には「殺伐奪掠」「残忍」の気風が存在するとの認識は、福沢の頭のなかで大きな根を張っていったものと考えられる[24]。

そして、興味深いことに、中国・朝鮮も「凸型文化」に含まれるとする芳賀の指摘と同様、「日本人が身体骨格の下劣なるは、欧米人に比してのみ然《しか》るにあらず、支那朝鮮諸国の人に比するも大に及ばざる所あるを見るなり。支那朝鮮人民の如きは、日本人民に等しく古来米穀を貴ぶの風なりと雖ども、又好で牛羊鶏豚の肉を食ふこと、日本人の企《くわだて》及ぶ所にあらず[25]」と、中国人と朝鮮人をともに肉食民族と捉えていることである。福沢は、壬午軍乱後における日清関係の悪化のなかで、民間人を老若問わずに殺戮し尽くす清国兵の凶暴さを指摘[26]、甲申事変後における朝鮮独立党の処刑にさいしては、獄卒が幼児の首にまで縄をかけて絞め殺す残酷な様子を克明に記し、朝鮮を「妖魔悪鬼の地獄国」と弾劾した[27]が、これらの文章の背景には、肉食ゆえの残忍な民族という偏見が多少なりとも存在していたと考えられる。

自由民権運動が昂揚するなか、福沢は、国内分裂の危機を憂い、国権を強調するとともに、一層激しく、西洋列強への脅威を説いていく。明治十四年政変の直前に発行された『時事小言』では、万国公法や条約が実際には機能しない、弱肉強食の国際情勢を次のように説明する。

今日我輩は則ち世界古今に義戦なしと云はざるを得ず。其趣は恰《あたか》も利を重んじて義を顧みざる商人等が、互に約束書を取替はし、互に其釁《きん》を窺《うかが》ふて之を破らんとする者に異ならず。商人の破約には法廷公裁の恐る可きものありて容易に動き難しと雖ども、国と国との破約には世界中に其法廷あるなし。故に此約束を守ると守らざるとの機会、即ち条約書の威重を有すると否との機会は、両国の金力と兵力とを比較して其多寡強弱如何の一点に在て存するものと知る可し。余曾《かつ》て云へることあり。金と兵とは有る道理を保護するの物に非ずして、無き道理を造るの機械なりと(28)。

こうした経済力と軍事力の向上こそが国家の至上課題であるという主張が、政府の富国強兵政策を後押しする役割を担っていったことは確かであろう。そして、戦争までもが損得勘定に基づいて肯定されるに至る。

蓋し戦争に就て最も恐る可きの禍は人命を失ふと財を費すと此二箇条なり。然るに統計の実験に於て、戦争に人命を失ふの数は之を平均して流行病に斃《たお》るゝものよりも少なく、某《ぼう》の大戦争と云ひ某の悪性流行病と云ひ、其死亡者の数を比較すれば戦死の数は誠に論ずるに足らざる程のものなれども、一は天然にして一は人為《じんい》なるが故に、人為を以て人を殺すは宜《よろ》しからざる事とするも、彼の財を費すの禍に至ては案外に軽小なるものにして、仮令ひ一時の外見は恐る可きに似たるも、之を恢復《かいふく》すること甚《はなは》だ難からず(29)。

こうした戦争に伴う危険を軽視する考えが、後年、対外戦争に突入していく上で影響力を持ったことは否定できないだろう。

3　貿易立国論

やがて起こるべく戦争に備え、軍事力と経済力を蓄えておかなければならない。その地理的特質を踏まえて福沢が思い描いたのが、貿易立国としての日本であった。

何を以て我国の本色と為す可きや。我輩は唯商売、即ち是なりと答へんのみ。我国は四面海を環《めぐ》らし、気候中和にして地味《ちみ》豊沃《ほうよく》、国中の川河能《よ》く舟楫を通じ、国状最も通商に適するのみならず、北西に朝鮮支那を控え、東は太平海を隔てゝ米国に対するが故に、国民の奮発次第にて東洋貿易の中心たること難きに非ず(30)。

そして、「日本国中全く米麦の作を止めにして一粒の収穫なきも可なり。全国の人民は田畑を耕す代りに挙《こぞっ》て蚕を飼ひ、食物は一切外国に仰《あお》ぐものと覚悟す可し(31)」と極論するほど輸出品の主力として期待したのが製糸業であった。また、福沢は国内の生産品を海外に円滑に送り込むための運搬交通の主力として、当時、費用がかさみ建設が滞っていた鉄道に期待を寄せた(32)。しかも、そうした主張を現実のものとするため、自らの教え子を積極的に実業界に送り込んでいったのである。三菱商会の荘田平五郎や山陽鉄道の中上川彦次郎の活躍は、師・福沢の構想を実現するものであった(33)。

福沢が封建秩序の打破と近代社会の発展に多大な貢献を果たしたことは疑えないが、他方で、その主張が多くの者を極端な利己主義へと誘い、社会秩序を混乱させた事実も否定できないだろう。師・中江兆民から理想主義的な部分を受け継いだ幸徳秋水は、資本主義経済の矛盾が明確になりつつあった十九世紀の最後の年に、福沢思想への批判を試みている。

> 個人主義は一面必ず利己主義たるを免れず、貴族専制、封建階級の弊毒其極点に達して、人民殆ど奴隷の境に沈淪するの時に於てや、個人自由独立自尊主義は実に世界の救世主なりき、福沢翁は実に此時に於て、此救世主を奉じて立ち、以て空前の偉功を奏せるが故に、此主義を持して渝《かわ》らざる数十年、修身要領亦《ま》た之を以て骨子と為《な》せりと雖も、而《しか》も見よ今や階級打破は秩序崩壊となり、自由競争は弱肉強食となり、個人自由主義は更に利己主義の反面を現はして、其弊毒は既に四海に横溢《おういつ》せるの時、所謂《いわゆる》独立自尊を以て、否な単に独立自尊のみをもて、人々修身の要領となす、危険ならずといふことを得《え》んや(34)。

もっとも福沢自身は、資本主義経済の行き着くところ、「貧富の不平均を生じて、之を制するの手段なく、貧者はます〳〵貧に陥り、富者はいよ〳〵富を積み、名こそ都《すべ》て自由の民なれ、其実は政治専制時代の治者と被治者との関係に異ならず(35)」というように、社会問題が発生することを予測していた。しかし、対外的な脅威を極力恐れる福沢は、一身の独立が一国の独立のために犠牲となるもやむなしと考えていたのである。日本とイギリスの工場労働者を比較した次の文章からは、長い労働時間のもと安い賃金で働かせられる労働者の悲哀といったものはまるで感じられない。

工場の秩序事務の整理は我国人の最も重んずる所にして、次第に慣るゝに従て次第に緒《ちょ》に就き、之を英国の工場に比して大なる相違なき上に、我国特有の利益は、工場の事業に昼夜を徹して器械の運転を中止することなきと、職工の指端機敏にして能く工事に適すると、之に加ふるに賃金の安きと、此三箇条は英国の日本に及ばざる所なり。彼国の工場にて作業時間は毎日十時間にして、夜は器械の運転を止め職工も十時間を働くのみ。日本は昼夜二十四時間打通しに器械を運転して、其間凡そ二時間を休み正味二十二時間を二分して職工の就業は十一時間なり。故に紡錘《ぼうすい》一本に付き一年の綿花消費高に大なる差を見る可し。(36)

福沢の晩年、足尾鉱毒事件が顕在化するが、福沢の経営する『時事新報』は、鉱毒被害民の立場に立つことなく、企業およびそれを擁護する政府寄りの言論を展開したのである。(37)
西洋列強に対抗できる近代国家の建設という観点から功利的価値観を重視した福沢ではあるが、道義的価値観を全く無視していたわけではない。最晩年に公になった「明治十年丁丑《ていちゅう》公論」と「瘦我慢《やせがまん》の説」においては、道義に殉ずる封建時代の武士そのものの主張を展開している。前者は、西南戦争の直後、敗者の西郷隆盛への「賊軍」扱いに対する反論として筆を執ったもので、一般に「大義名分」とされているものがあくまで明治政府への大義名分であり、「立国の大本たる道徳品行」とは関係なく、「道徳品行」という点からすれば、西郷軍の方が「勇徳」が盛んであったと説く(38)。そして、後者の「痩我慢の説」は、勝海舟と榎本武揚における維新後の明治政府への出仕を糾弾したもので、「痩我慢の一義」こそが「立国の要」であると主張する。次の一文からは、「功利主義者」福沢諭吉の面影は全くない。

> 爰《ここ》に遺憾なるは、我日本国に於て今を去ること二十余年、王政維新の事起りて、其際不幸にも此大切なる痩我慢の一大義を害したることあり。即ち徳川家の末路に、家臣の一部分が早く大事の去るを悟り、敵に向て曾て抵抗を試みず、只管《ひたすら》和《わ》を講じて自《みず》から家を解きたるは、日本の経済に於て一時の利益を成したりと雖も、数百千年養ひ得たる我日本武士の気風を傷《そこな》ふたるの不利は決して少々ならず。得を以て損を償《つぐな》ふに足らざるものと云ふ可し。抑《そもそ》も維新の事は帝室の名義ありと雖も、其実は二、三の強藩が徳川に敵したるものより外ならず、此時に当りて徳川家の一類に三河武士の旧風あらんには、伏見の敗余江戸に帰るも更に佐幕の諸藩に令して再挙を謀り、再挙三挙遂に成らざれば退て江戸城を守り、仮令ひ一日にても家の運命を長くして尚《な》ほ万一を僥倖《ぎょうこう》し、いよ〳〵策竭《つき》るに至りて城を枕に討死するのみ(39)。

ここには「討死するのみ」というおよそ福沢らしからぬ表現が使用されている。一般的に福沢には「楠公権助論」のイメージが強い。[40] しかし、道義のためには生命をも惜しまないという表現は、他の著作においても散見できる。『学問のすゝめ』初編には、「理のためには『アフリカ』の黒奴にも恐入り、道のためには英吉利《イギリス》、亜米利加《アメリカ》の軍艦をも恐れず、国の恥辱とありては日本国中の人民一人も残らず命を棄てゝ国の威光を落さゞるこそ、一国の自由独立と申すべきなり」[41]という有名なくだりがあり、また、日清戦争勃発直後に署名入りで発表した「私金義捐に就て」(一八九四年八月)では、「如何なる事情あるも、如何なる困難あるも、全国四千万人の人種の尽きるまでは一歩も退かずして、是非《ぜひ》とも勝たねばならぬとの約束の定まりたる此大切なる大戦争」[42]と表現されている。ここには、道義を貫くためフランス艦隊およびアメリカ艦隊との徹底的抗戦を選び、「国」の滅亡さえ厭わなかった興宣大院君時代の朝鮮における鎖国攘夷政策[43]、あるいは「大東亜戦争」末期の「本土決戦」「一億総玉砕」を髣髴させるものがある。

「功利主義者」「拝金宗」として知られる福沢ではあるが、このように、時折、道義的価値観を主張していた。しかし、「国のためには財を失ふのみならず、一命をも抛《なげうっ》て惜むに足らず。是即ち報国の大義なり」[44]というように、それはあくまでも日本国を範囲とした道義であって、国際社会に広く通用する普遍的な道義ではなかった。また、功利か道義かという二者選択を迫られた場合には、前者を選択するというものであった。江戸城を明け渡した勝に「痩我慢の義」を貫くことを説いた福沢ではあるが、自らは、戊辰戦争の最中、幕臣にもかかわらず、逃げのびることを考えていた。

鳥羽伏見の戦いの後、将軍慶喜が江戸に帰ってきたさいの混乱期における加藤弘之とのやりとりのなかで、福沢は、「いよ〳〵戦争に極まれば僕は荷物を拵《こしら》へて逃げなくてはならぬ」「君達は戦ふとも和睦《わぼく》しやうとも勝手にしなさい、僕は始まると即刻逃げて行く」と述べたのは有名なエピソードである。(45)

おわりに

福沢は、密航者であった僧侶の李東仁《イドンイン》との出会いや慶應義塾での朝鮮人留学生の受け入れ等を通じて、朝鮮への関心を持ち始め、一八八〇年以降、朝鮮についての発言を展開し始める。日本の朝鮮政策における最初の挫折というべき壬午軍乱が発生するまで、福沢の朝鮮論は、文明の遅れた隣国朝鮮への義侠心と、日本の国防的ないしは経済的利益とが調和するものであった。

一八八一年五月、開国政策に転じた朝鮮政府が日本に視察団を送るが、その時、使節団の随員であった兪吉濬《ユギルチュン》と柳定秀《ユジョンス》の二名が慶應義塾に入学することになった。福沢はその時の心境をロンドンに留学中の門下に宛てて次のような一文を送っている。

本月初旬朝鮮人数名日本の事情視察の為渡来、其中壮年二名本塾へ入社いたし、二名共先《ま》づ拙宅にさし置、やさしく誘導致し遣居候。誠に二十余年前自分の事を思へば同情相憐むの念なきを不得、朝鮮人が外国留学の頭初、本塾も亦外人を入る、の発端、実に奇偶〔遇〕と可申、右を御縁として朝鮮人は貴賤となく毎度拙宅へ来訪、其咄《はなし》を聞けば、他なし、三十年前の日本なり。何卒《なにとぞ》今後は良く附合開らける様に致度事に御座候(46)。

自分の学校における初の外国人留学生を、幕府の使節として洋行したかつての自分と重ね合わせ、「同情相憐む」という義侠心から接していることがわかる。そうした義侠心とともに、日本の国益という観点から、朝鮮を清国から独立させ、文明化を実現すべきだという「朝鮮改造論」が登場する。

我輩が斯く朝鮮の事を憂て其国の文明ならんことを冀望し、遂に武力を用ひても其進歩を助けんとまでに切論するものは、唯従前交際の行き掛りに従ひ勢に於て止むを得ざるのみに出たるに非ず。今後世界中の形勢を察して我日本の為に止むを得ざるものあればなり。方今西洋諸国の文明は日に進歩して、其文明の進歩と共に兵備も亦日に増進し、其兵備の増進と共に呑併の慾心も亦日に増進するは自然の勢にして、其慾を逞ふするの地は亜細亜東方に在るや明なり。（中略）今の支那国を支那人が支配し、朝鮮国を朝鮮人が支配すればこそ、我輩も深く之を憂とせざれども、万に一も此国土を挙げて之を西洋人の手に授るが如き大変に際したらば如何。恰も隣家を焼て自家の類焼を招くに異ならず。西人東に迫るの勢は火の蔓延するが如し。隣家の焼亡豈《あに》恐れざる可けんや。故に我日本国が支那の形勢を憂ひ又朝鮮の国事に干渉するは、敢て事を好むに非ず、日本自国の類焼を予防するものと知る可し[47]。

こうした福沢の朝鮮改造論は、壬午軍乱、文化事業支援の失敗、甲申事変、巨文島事件、金玉均暗殺、日清戦争などを通じて、日本の朝鮮への影響力が変転するなかで消長を繰り返す[48]が、結果的に、一八九六年二月、朝鮮国王の高宗がロシア公使館に「移御」すること（俄館播遷《がかんはせん》）で完全なる挫折を迎える。晩年の福沢は、これまでの日本の朝鮮政策を振り返り、「義侠心」と「文明主義」に則って朝鮮に関わり続けて来た自らの姿勢を反省することになった。月脚達彦が指摘する[49]ように、次の文章は自らの経験を重ね合わせたものと見ることができよう。

朝鮮の問題よりせんに、我国従来の対韓略を見るに、一進一退、その結果甚だ妙ならず、遂に今日の有様に及びたる始末は、世人の現に目撃したる所、別に記すまでもなけれども、我輩の所見を以てすれば、其失策は二個の原因に帰せざるを得ず。即ち我国人が他に対して義侠心に熱したると文明主義に熱したると、此二つの熱心こそ慥に失策の原因なれ。本来義侠とは弱を助け強を挫くの意味にして、一個人の友誼上には或は死生を賭して他の急を救ふなどの談もなきに非ず。即ち義侠の熱心に出づるものにして、所謂刎頸莫逆の交際には自から其実を認むることもあれども、一村一郷の交際に至れば既に義侠の行はるゝを見ず。況や国と国との交際に於てをや。今後幾千年の後はいざ知らず、古来、今に至るまで、刎頸莫逆の国交際を維持したるの談は我輩の未だ曾て聞かざる所なり。然るに我国人の朝鮮に対するや、其独立を扶植す可しと云ひ、其富強を助成す可しと云ひ、義侠一偏、自から力を致して他の事を助けんとしたるものに外ならず。（中略）此方にては大に義侠に熱するも、先方に於て毫も感ぜざるのみか、却てうるさしとて之を厭ふときは如何す可きや。（中略）左れば今後朝鮮に対するには義侠の考など一切断念すること肝要なり。(50)

西洋列強の一角であるロシアを敵に回すというリスクを冒してまで朝鮮に義理立てしようとする勇気は、福沢にはなかった。彼において、道義は功利に勝る価値ではなかったし、その道義の適用範囲は日本を超えることができなかったのである。

（1）丸山眞男「福沢諭吉について」一九五八年十一月、『丸山眞男集』第七巻、岩波書店、一九九七年、三七一頁。

（2）福沢を論じるさいに注意しておかなければならないのは、『福澤諭吉全集』（岩波書店、一九五八〜一九六四年）の扱い方である。『福澤諭吉全集』第八〜一六巻に収録された「時事新報論集」は、その大部分が無署名社説であるため、福沢ではなく、門下の石河幹明らの執筆によるものも含まれているとの指摘がある（井田進也『歴史とテクスト』光芒社、二〇〇一年）。平山洋は、一連の著作（『福澤諭吉』〈ミネルヴァ書房、二〇〇八年〉や『アジア独立論者福沢諭吉』〈ミネルヴァ書房、二〇一二年〉など）で、井田の方法に倣い、膨大な時事新報社説を対象に、語彙や文体などから起筆者の認定作業を進めている。本書では、できるだけそれらの認定作業を尊重しながら、引用史料を選んでいく方針をとった。ただ、起筆者が福沢であると確定できない場合でも、その内容から推して、福沢の考えに違背するものではないと判断できるものは採用することにした。

（3）『福翁自伝』一八九九年、『福澤諭吉全集』第七巻、一九五九年、一八頁。
（4）同右、一六頁。
（5）富田正文『考証　福澤諭吉』上、岩波書店、一九九二年、六五頁。
（6）前掲『福翁自伝』六〇～六一頁。
（7）同右、五八～五九頁。
（8）同右、二二四頁。
（9）芳賀綏『威風堂々の指導者たち―昭和人物史に学ぶ』清流出版、二〇〇八年、一三五頁。
（10）山口良蔵宛福沢諭吉書翰、慶応四年閏四月十日、『福澤諭吉全集』第一七巻、一九六一年、五二頁。
（11）前掲『福翁自伝』一六三頁。
（12）「漫に大望を抱く勿れ」一八八九年七月、『福澤諭吉全集』第一二巻、一九六〇年、一八七頁。平山洋によれば起筆者は福沢。
（13）『学問のすゝめ』第三編、一八七三年、『福澤諭吉全集』第三巻、一九五九年、四三頁。
（14）「唐人往来」慶応元年閏五月、『福澤諭吉全集』第一巻、一九五八年、一四頁。
（15）『文明論之概略』『福澤諭吉全集』第四巻、一九五九年、二〇二～二〇三頁。
（16）最近では、一八七四年の民選議院設立建白書の提出を契機とする民権運動の開始と台湾出兵が大きな影響を与えたとする指摘がある。ひろたまさき「福沢諭吉―脱亜入欧の思想」趙景達・原田敬一・村田雄二郎・安田常雄編『講座　東アジアの知識人』第一巻、有志舎、二〇一三年。
（17）松沢弘陽「文明論における『始造』と『独立』―『文明論之概略』とその前後（二・完）」『北大法学論集』三三巻三号、一九八二年十二月。
（18）福沢諭吉宛E・P・スミス書翰、年月日不詳、『福澤諭吉全集』第二一巻、一九六四年、三五七～三五九頁。
（19）同右、三五九～三六〇頁。
（20）『福澤諭吉全集』第七巻、六七五～六七六頁。
（21）同右、六七七頁。
（22）管見の限りでは、『分権論』（一八七六年）で、「往古より日本の武人暴なりと雖ども、掠奪の為に師を起したる者あるを聞かず。其戦争の趣意なり又辞柄《じへい》なり、民を塗炭《とたん》に救ふと云《い》はざる者なし。西洋諸国暗黒の時代に、唯掠奪分捕のみを目的として乱妨を逞《たくまし》ふせしものとは、大に趣を異にせり」(『福澤諭吉全集』第四巻、二三六頁)という記述がある。

(23) 芳賀綏『日本人らしさの発見―しなやかな〈凹型文化〉を世界に発信する』大修館書店、二〇一三年。

(24) 福沢は、万国公法とはいいながらも、実際には、キリスト教を共有する西洋諸国同士の間での権利であり、キリスト教以外の国においては適用されないと述べる。そして、キリスト教国同士であれば、小国であっても「同種の人類相憐むの情」により、その権利が尊重されると指摘する。『時事小言』一八八一年、『福澤諭吉全集』第五巻、一九五九年、一八四頁。

(25) 「肉食せざるべからず」一八八二年十二月、『福澤諭吉全集』第八巻、一九六〇年、四五四頁。平山によれば起筆者は未定。

(26) 「東洋の政略果たして如何せん」一八八二年十二月、『福澤諭吉全集』第八巻、四三八～四三九頁。福沢の自筆草稿あり。但し、浄書であるため、平山は、波多野承五郎の起筆と推測。

(27) 「朝鮮独立党の処刑」一八八五年二月、『福澤諭吉全集』第一〇巻、一九六〇年、二二五頁。平山によれば起筆者は福沢。

(28) 『福澤諭吉全集』第五巻、一〇八頁。

(29) 同右、一七七頁。

(30) 「商売を以て我国特有の所長と為す可し」一八八四年五月、『福澤諭吉全集』第九巻、一九六〇年、四七九頁。平山によれば起筆者未定。

(31) 「養蚕の奨励」一八九四年五月、『福澤諭吉全集』第一四巻、一九六一年、三八四頁。平山によれば起筆者未定。

(32) 「富国策」一八八五年四月、『福澤諭吉全集』第一〇巻、二五〇頁。平山によれば起筆者未定。

(33) 板橋守邦『日本経済近代化の主役たち』新潮選書、一九九〇年、八六～九一頁。

(34) 「修身要領を読む」一九〇〇年三月、『幸徳秋水全集』第二巻、明治文献、一九七〇年、三〇八頁。

(35) 「富豪の要用」一八九二年十二月、『福澤諭吉全集』第一三巻、一九六〇年、五八八～五八九頁。平山は起筆者を福沢と推測。

(36) 『実業論』一八九三年、『福澤諭吉全集』第六巻、一九五九年、一七五～一七六頁。

(37) 安川寿之輔『福沢諭吉の戦争論と天皇制論』高文研、二〇〇八年、三三三～三八六頁。

(38) 『福澤諭吉全集』第六巻、五三六頁。

(39) 同右、五六二頁。傍点は引用者によるもの。

(40)『学問のすゝめ』七編で、「忠臣義士」の代表格である楠木正成の討死と、主人の使いに行ったが一両の金を落とし失望して自ら命を絶った権助を同列視し、「其死を以て文明を益することなきに至ては正しく同様の訳にて、何れを軽しとし何れを重しとす可らざれば、義士も権助も共に命の棄所を知らざる者と云て可なり」（『福澤諭吉全集』第三巻、七六頁）と述べて、世間を賑わした。

(41)『福澤諭吉全集』第三巻、三一頁。傍点は引用者によるもの。

(42)『福澤諭吉全集』第一四巻、五一五頁。傍点は引用者によるもの。

(43) 前掲趙『近代朝鮮と日本』三八頁。

(44)『学問のすゝめ』第三編、『福澤諭吉全集』第三巻、四四頁。

(45) 前掲『福翁自伝』一五二～一五三頁。

(46) 小泉信吉・日原昌造宛書翰、一八八一年六月十七日、『福澤諭吉全集』第一七巻、四五四頁。

(47)「朝鮮の交際を論ず」一八八二年三月、『福澤諭吉全集』第八巻、三〇～三一頁、平山は起筆者を福沢と推測。

(48) 月脚達彦『福沢諭吉と朝鮮問題―「朝鮮改造論」の展開と挫折』（東京大学出版会、二〇一四年）を参照。

(49) 月脚達彦『福沢諭吉の朝鮮』講談社、二〇一五年、二三三頁。

(50)「対韓の方針」一八九八年四月、『福澤諭吉全集』第一六巻、一九六一年、三二六～三二七頁。平山によれば起筆者は未定であるが、月脚達彦は「内容から福沢の起案と見て間違いなかろう」と述べている。前掲『福沢諭吉の朝鮮』二二九頁。

第二章　加藤弘之の社会進化論

はじめに

幕府退身後に私学経営者として野に下った福沢と、明治政府に出仕して帝国大学総長、学士院院長を歴任し「官学の総帥」と目された加藤弘之（一八三六～一九一六）は、これまで対照的に論じられてきた。[1] 物理学や英学を基盤としてきた福沢に対して、加藤が生物学やドイツ学の研究を進めてきたことはしばしば指摘されるところである。しかし、両者は立場や学問において相違点はあるものの、近代国家としての日本を作りあげるために道義的価値観を否定して功利的価値観を主張したという意味では共通点を見出せよう。人間における利他心の存在を否定し、弱肉強食の競争社会を肯定する点においては、加藤の方が徹底していた。

加藤はその生涯を通じて、宗教や道徳を否定し、科学の優位を主張し続けた。[2] しかし、そうした科学志向は、論理的思考によってもたらされたというより、「科学的信仰」と自ら称するように[3]独断的要素の強いものであった。その理論上の矛盾点に対しては、同時代人から多くの批判を浴びせられたが、加藤は頑なに社会進化論という学説に固執し続けた。「釈迦基督の迷信者は、斯く釈迦基督の教を以て、自己自身を束縛して、一歩も此教義の範囲外に出ること能はざるが故に、之を心的奴隷とは云ふなり[4]」と宗教家を激しく批判したが、加藤自身もまた社会進化論の「心的奴隷」と呼ぶにふさわしいものであった。若き日の石橋湛山が、加藤の学問を「論理滅裂、識見狭小浅薄なる一個の形而上学《メタフイジック》に過ぎぬ」と酷評している[5]ほどである。

東京大学綜理や帝国大学総長という我が国アカデミズムの頂点に君臨したにもかかわらず、「其の学説の世に容れられざること、博士の利己主義の如く甚しきはなき」と追悼文に書かれた[6]ように、思想界・学術界においては、その学説や主張はあまり受け入れられるところとならなかった。しかし、後年、土田杏村が「我々は今彼〔加藤弘之〕の哲学を見ると、それに於いて十九世紀末の日本の民衆の要求がいかに濃厚に表現せられてゐるかを知ることが出来る[7]」と評しているように、その学説や主張は一般国民の要求を反映したものであり、社会全体への影響という点では決して小さなものではなかった。

1　明治維新にさいして

但馬国出石藩の甲州流兵学師範の家に生まれた加藤は、福沢とは違い、幼少期から学問を学ぶ機会を与えられた。七歳頃には父・正照から兵書の講義を受け、十歳になると、藩校・弘道館に入学した。加藤が生まれる直前、出石藩を襲った仙石騒動は、家老の仙石左京が主家横領を企てたとして弾圧され、藩自体も大幅に減封された事件であるが、加藤にとって仙石左京は大叔父（母方の祖母の弟）にあたり、母方の祖父も騒動に巻き込まれ自刃している。幼き頃から政争の敗者として藩内で肩身の狭い思いをしてきた加藤には、学問・書籍の世界のみがオアシスであった。[8] 藩校では朱子学や徂徠学を学んだが、内憂外患の時代状況のなかで、兵学師範の家に生まれた加藤は、西洋流兵学を学ぶ必要に駆られ、江戸に出て、佐久間象山や大木仲益（坪井為春）の門をたたくこととなった。独立自尊の近代精神に惹かれ西洋近代科学の道に入った福沢とは違い、加藤は、外患から日本を救うため強大な西洋から学ぶという意識が強かったと考えられる。

蕃書調所時代に執筆した、我が国初の立憲政体を論じた『鄰艸《となりぐさ》』（一八六一年）を皮切りに、明治政府に出仕してからは、『真政大意』（一八七〇年）や『国体新論』（一八七五年）を執筆、幕末から明治初年において、加藤は天賦人権論者として世間の注目を集めることとなった。しかし、その天賦人権論は、自由民権家のように、自らの政治的権利を主張する論拠としてではなく、欧米富強の原因を国民国家に求め、それを構築する論拠として主張されたものであった。[9] 南朝の理論的指導者・北畠親房の家臣を先祖とする加藤は、後年、「立憲的族父統治」という独特な政体観を打ち出したように、日本を「万世一系の帝室」が統治する「神国」と捉えていたのである。

福沢の「唐人往来」（一八六五年）を意識して書いたとされる『交易問答』（一八六九年）では、「神国」日本を存続させるため西洋諸国との交易を重視する。福沢が「唐人往来」で「今、日本一国に限り自から神国など、唱へ世間の交を嫌ひ独り鎖籠《とじこも》りて外国人を追払はんとするは如何にも不都合ならずや[10]」と否定的な意味で「神国」を表現していることとは対照的である。

日本は神国で万国中第一の貴い国には相違ないが、迚《とて》も火縄銃や日本船で今時の合戦が出来るものではござらん。それこそ神国の名まで汚す様な事が出来ないとはいへません。そういふわけだから、西洋人にそんな太い目論見があるならば、日本では猶《なお》怖ず臆ぜず西洋人に負けない気になつて、どん〳〵交易をしてだん〳〵盛になれば此方からも出掛けて交易をするといふ様にさへすれば、仮令《たとえ》西洋人にどんな目論見があつても、却つて神国の威勢におそれて、遂には其目論見も挫いてしまひ、畢竟は交易の道が開けた丈、日本の御徳になるでござろう[11]。

尊王攘夷派と同じく日本を「神国」と位置づけるものの、欧米諸国の富強の源である近代文明を積極的に取り入れようというのが、明治初年における加藤のスタンスであった。そういう意味では、立憲政体およびその理論的根拠である天賦人権論でさえ、躊躇せずに受け容れることができたのである。

『国体新論』では、「国家ニ於テハ人民ヲ主眼ト立テ、特ニ人民ノ安寧幸福ヲ求ムルヲ目的ト定メ[12]」と、すぐれて民主的な国家観が展開されながらも、次のような加藤の本音が表現されている。

天下ノ人心悉皆《しっかい》牛馬トナルニ至ラバ、其結局ノ有様如何ゾヤ、人民各自由ノ精神ヲ備ヘテコソ、実際上ノ自由権ヲモ握リ得ベク、随テ国家モ安寧ヲ得、国力モ強盛ヲ致スベキニ、若《も》シ我邦人民此精神ヲ棄テ、只管《ひたすら》天皇ノ御心ニノミ従ヒ、随テ実際上ニ自由権ヲ失フヲ甘ンズルニ至ラバ、我国ノ独立不羈《ふき》ハ殆ド難キコトナリ。(13)

つまり、天賦人権論は、「神国」日本の「独立不羈」という目的をはかる上で必要とされたものであった。我が国において自由民権運動が巻き起こり、それが国民の権利拡大の要求と結び付いて国家を揺るがす事態にまでいたるや直ちに加藤が否定的な立場に転じたのは当然のことであった。

2 社会進化論の展開

一八八一年十一月、東京大学綜理であった加藤は、『真政大意』『国体新論』の二冊の著書を、その主旨が「謬見」であり「後世ヲ誤ルノ恐アル」として絶版にすることを宣言する。これが加藤の「転向」といわれる問題である。(14) 絶版宣言の翌年、加藤は『人権新説』を著し、社会進化論を展開する。一八七七年九月、E・S・モースが東京大学で初めて進化論に関する講義を展開、その後、H・スペンサー、H・バックルの著書の影響等もあり、我が国において社会進化論が急速に浸透していくが、加藤はその先駆的な働きをなしたのである。

「蓋《けだ》シ宇宙ハ宛《あた》カモ一大修羅場ナリ、万物各自己ノ生存ヲ保チ自己ノ長育ヲ遂ゲンガ為メニ、常ニ此一大修羅場ニ競争シテ互ニ勝敗ヲ決センコトヲ是勉ムルナリ。而テ其結果タルヤ、常ニ必ズ優勝劣敗ノ定規ニ合セザルモノハ絶テアラザルナリ」[15]というように、「弱肉強食」「優勝劣敗」を「万物法」（あるいは「天則」）と捉える加藤は、人類もまたその「万物法」から逃れられないとする。「吾人々類各優劣ノ等差アリテ為メニ千万無量ナル優勝劣敗ノ作用起ルハ、是レ万物法ノ一大定規ニシテ実ニ永世不変不易ノモノナレバ、吾人々類人々個々決シテ天然ニ自由自治平等均一ノ権利ヲ有スルモノアラザルコトハ既ニ明々白々タルニ非ズヤ」[16]「吾人々類ノ権利ナルモノハ素ト只管優勝劣敗ノミノ行ハルルヲ制シテ、社会及ビ各個人ノ安全ヲ求ムルガ為メニ専制治者ガ始メテ之レヲ設ケタルモノナルコトハ既ニ明瞭ナリ」[17]と、人権は天によって賦与されたものではなく、治者（強者）が統治上の便宜をはかるため被治者（弱者）に付与したものに過ぎないと解釈する。「道徳は何の為めに必要であるかと云へば、其れは国を治める為めに必要であるのである。国家の生存の為めに必要なもので、何も始めより天から定まつて居るやうなものではない」[18]と、道徳や倫理が人間の正義感や善意から発せられたものではなく、統治上の手段としてやむをえず生じたものと主張するのである。他の生物と同様、人間は、「弱肉強食」「優勝劣敗」の「万物法」から逃れられないので、そもそも「利他心」なるものが存在しない。たとえ他者のためになる行為であったにしても、それは「利他心」からではなく、結果的に自分の利益につながると考える「利己心」に基づくものである。忠臣の代表格である楠木正成の最期についても、「国の為めに身を犠牲にする、国家の為めに自分が死んで仕舞ふ、さうして其れが誠に嬉しい」という「利己心」によるものであったと解釈するのである。[19] かつての著書において、「所謂仁義礼譲孝悌忠信抔云フ類ヒノモノデ、人ニハ、必ズ是等ノ心ガアルモノ故、人々今日ノ交際ニ於テ、各々尽スベキ本分ト云フモノガアリテ、己レ独リ都合ヨキコトナレバ、何ヲシテモヨイト云フコトハ決シテナイ[20]」と言い切っていた、天賦人権論者としての面影は全く失せている。

3 国際法と戦争論

加藤は、こうした社会進化論に基づき、独特な国家観や国際秩序構想を展開していく。ブルンチュリやヘッケルの国家有機体説に感化され、有機体を三段階に分類する。第一段階の有機体は「単細胞有機体」というものであり、第二段階の有機体は、「単細胞有機体が集合して組成して居る所の有機体」すなわち「複細胞的有機体」で、人間をはじめとする動植物がこれにあたる。そして、第三段階の有機体は、第二段階の有機体が集まって組成した「複複細胞的有機体」で、「吾吾人間が集まつて組成して居る所の国家なるものも即ち其一で最も高等のものである」と述べ、「国家なるものは一大有機体である」と結論付ける。そして、「世界全人類は皆吾吾の同胞には相違ないが世界はまだ最大有機体となつて居るのではない、後世全世界が最大有機体となるや否は今日学者間の疑問ではあるが併し兎に角今日はまだ左様になつて居らぬのであるから世界と国家とは道理が違ふ」と、地球・世界全体を有機体とは捉えないのである。[21]それは、「地球其物が『一個有機的独立人』なり[22]」（内村鑑三）、「世界は一つのオルガナイズされた有機体である[23]」（吉野作造）といったキリスト教思想家の考えとは対照的である。「吾々各個人が集合して国家を組織して居るのは是れは絶対的合同と云ふもので到底切て切られぬ関係を持て居るのであるから各個人たるものは自己の利益を棄ても他人の利益を敬重し又国家の利益を計画せねばならぬ[24]」というように、国家が一つの有機体として完結している限り、その構成分子の各個人においては、自らの利益より国家の利益を優先させなければならない。また、各国家間においては、互いを気遣うということはありえない。自国の利益を追求することでしか国際関係は成り立たないということになる。

一八九九年にオランダ・ハーグで開催された第一回万国平和会議に象徴されるように、十九世紀末、国際社会は協調路線に向かって大きな転換点を迎えていた。国内においても、一八九七年には山田三良らによって国際法学会が設立されるなど、これに積極的に応じようとする動きが生じていた。しかし、加藤は、このような国際情勢の変化に対しても、持ち前の「優勝劣敗」の「天則」に沿った形で解釈する。

強者ノ権利ナルモノハ必ズ利己的ニ発動スルモノナルガ故ニ、強弱両者ガ相対スルトキハ強者ハ敢テ弱者ノ利害ヲ顧ミズ、只管自己ノ利益ヲノミ是レ謀ラントスルハ、即チ天則ニシテ、此天則ハ列国交際ニ於テ最モ盛ニ行ハル、モノナレドモ、併シ列国ノ間権力太抵相同クシテ宛カモ強々相対スルノ有様ナルトキハ、勢ヒ其一国ガ已レノ権力ヲ以テ只管自国ノ利益ヲノミ是レ謀リテ他国ノ利益ヲ害スルコト能ハズ、却テ他国ノ利益ヲ保護スルコトガ兼テ自国ノ利益ノ保護トナルコト甚ダ多シ、是レ即チ国際法ノ今日欧洲列国ニ行ハル、所以ノ理由ナリト知ルベシ。(25)

キリスト教による博愛主義や人類平等主義が国際協調を促進しているとの考えを完全否定し、生存競争や自然淘汰の結果にほかならないと主張したのである。加藤以上に西洋列強の脅威を強く指摘した福沢でさえ、キリスト教国間における「同種の人類相憐む情」の存在を認めていた。(26)

そして、そうした国際情勢認識は、万国平和会議の提唱者であるロシアが北清事変にさいして満洲を占領し、日本にとっての最大の脅威国となるに従い、一層、確信的なものとなっていったのである。

此万国平和ト云フヤウナコトハ、是ハ人道ト云フヤウナ理論カラ出来ルノデハナイト思フ（中略）却テ各国ガ利害ヲ一ニシテ行クヤウニナルカラ、互ニ平和ヲ保ツヤウニナルト云フノガ当然ノコトデアルト思フ、互ニ利害ヲ同クスルヤウニナルカラ、ソレデ互ニ仲善クスル、仲善クスルニハ道徳ニ依ラネバナラヌノデアル、ソレガ為メニ各国ノ間ニ平和ガ段々進ンデ行クト云フコトニナッテ来ルノデアル、ソレデアルカラ道徳的―倫理的ニ万国ノ平和ヲ進メルト云フコトハ陳腐ノ空論デ、立派ニ聞エルノミノコトデアル。(27)

アジア・アフリカにおける西洋列強の帝国主義支配が拡大し、日本もまた帝国主義国家の一員として発展する過程で、加藤は、戦争の利益を主張し、侵略戦争さえ肯定するにいたった。

博く世界の開化進歩に着眼して考へれば戦争は概して人類に利益を及ぼすものであるといふことが言ひ得られるであらうと思ふ。（中略）既に述べた所で明かなる如く国家相互間の関係は真の共同共存となつて居るものではないから個人が集合して国家をなして共同共存をなして居る道理とは全く違つて居る。国家を組成して居る個人は皆国家の利益幸福を専一として尽すべき筈のものであるけれども各国家は互に自己の利益幸福を専一として働くべき筈のものであるから、自己の利益幸福となることならば他邦に対して侵略戦を起すも決して非難すべき道理はない。畢竟唯自国の利害如何を標準として働けばよいのである。侵略戦と雖不義戦抔唱へる道理は決してないのである。(28)

「優勝劣敗」が「天則」である以上、自存自衛のために帝国主義や侵略主義政策を取ることはやむをえないということになる。こうした加藤の論理は、「官学の総帥」という立場と相俟って、その後の日本の大陸拡張政策を正当化する役割を果たすべきものではあった。しかし、「主権線」の拡大とともに「利益線」の範囲も拡張し、「大東亜戦争」期には東南アジアまでが日本の支配下に置かれることになったにもかかわらず、主流の思想と位置付けられることはなかったのである。そのことを象徴的に示すのが、加藤と同郷の代議士斎藤隆夫が巻き込まれた反軍演説事件である。斎藤は、一九四〇年二月、衆議院本会議の壇上において、政府・軍部を痛撃する質問演説を行ったため、軍部の圧力を受けて議員を除名される。斎藤がこの質問演説で展開した論理は、次のように、社会進化論に基づいて侵略戦争という日中戦争の本質を明らかにし、「聖戦の美名」にかくれて事変解決を怠り国民の犠牲を拡大する政府・軍部の失態を突くというものであった。

国家競争ノ真随ハ何デアルカ、曰ク生存競争デアル、優勝劣敗デアル、適者生存デアル、適者即チ強者ノ生存デアリマス、強者ガ興ツテ弱者ガ亡ビル、過去数千年ノ歴史ハソレデアル、（中略）弱肉強食ノ修羅道ニ向ツテ猛進ヲスル、是ガ即チ人類ノ歴史デアリ、奪フコトノ出来ナイ現実デアルノデアリマス、此ノ現実ヲ無視シテ、唯徒ニ聖戦ノ美名ニ隠レテ、国民的犠牲ヲ閑却シ、曰ク国際正義、曰ク道義外交、曰ク共存共栄、曰ク世界ノ平和、斯ノ如キ雲ヲ摑ムヤウナ文字ヲ列べ立テテ、サウシテ千載一遇ノ機会ヲ逸シ、国家百年ノ大計ヲ誤ルヤウナコトガアリマシタナラバ、現在ノ政治家ハ死シテモ其ノ罪ヲ滅ボスコトハ出来ナイ。[29]

斎藤は、加藤の在世中、しばしばその門を叩いており、その影響によって社会進化論的思考を身につけていた。[30] 社会進化論から導き出された侵略戦争肯定論が、実際に中国で侵略を繰り広げている軍部に対する痛烈な批判になりえたという事実そのものが、この国が抱えていた道義と功利をめぐる複雑な問題点を示すものであろう。「東亜新秩序」さらには「大東亜共栄圏」の建設という道義的目的を掲げなくては、戦争を開始することも継続することもできないこの国特有の問題点が存在する。アーリア人種の自存自衛という目的を堂々と振りかざして第二次大戦に突入したナチス・ドイツと同様の論理を展開することができなかったのである。次のような斎藤の「大東亜共栄圏」論は、当時、極めて異質なものであった。

日本の資源は貧弱であるから、之を資源豊富なる占領地に求め、其の資源を開発して日本独自の繁栄を図る。是が真の目的である（中略）東亜共栄圏は東亜民族共通の繁栄にはあらずして日本単独の繁栄を図るが為に日本が東亜に覇権を確立して、東亜民族を日本の配下に置かんとする行動であると言ふのが偽りなき事実の真相であつて、是が為に従来米英が強奪せる占領地を今度は日本が米英より強奪して占領した。事実は正に斯《か》くの如くである(31)。

日本近代を通じて、このような功利一辺倒の思想・言論が主流となることはなかったが、明治国家の形成期において、加藤の社会進化論が、福沢の富国強兵論と同様、国民の眼を道義から功利へと転換させたという点で一定の役割を果たしたことは確かであろう(32)。

その著作において利己心に基づく行為を認めた加藤ではあるが、自らが私利私欲に基づいて行動するようなことはほとんどなく、晩年においても他者への気遣いを忘れることがなかったようである[33]。加藤の最晩年、人類はかつてない世界大戦を経験する。イギリスと同盟関係にあった日本も参戦し、中国を舞台に利権の拡大を謀るが、加藤は、そうした世界情勢の変化および日本の行く末に不安を感じるにいたった。大戦中、「日本は朝鮮を取り台湾を取つた。けれども却々容易に仕事の出来ることではない。其上に領地を無暗に拡げて行くのは大なる誤りである、又斯る事を的にしてやつても、出来るか出来ないか分りもしない。近頃少し図に乗つて居る人々があるから、斯る考へも起すのであらうが、大変な間違ひである[34]」と指摘している。

生前最後の著書である『人性の自然と吾邦の前途―『自然と倫理』の補遺第三』（一九一五年）では、「吾邦の前途」について「僕には遺憾ながら少しく悲観的の想像があるのである[35]」と述べる。特に憂えていたのは、将来の日本を担うべき青年が「旧来の風俗習慣を厭て只管新様に走」り、「軽佻浮薄に赴くこととなり何事も正直に真面目に励む者が甚だ少なくなつた[36]」ことであった。利己心の発露を自然の法則であるとして、個人の内面や精神面での向上という道徳・倫理的作用を否定してきた加藤であるが、人生の最期を迎えるなかで、「天則」に従うことの問題点にようやく気付き始めたのである。次のように、最終的に幸あれと祈る姿からは、往年の厳格な社会進化論者としての面影はもはや見られない。

吾吾個人なる国家の分子が国家の幸福利益を来たすに足るべき者となるのも、又それに反して国家の不幸害毒を招くべき者となるのも、是亦自然法に出るのである所以を知らねばならぬ。自然自然又自然吁!!

但し斯く不良なる応化も既に極度に到着したことであれば、自今は其影響から却て反対なる現象を産出する所の良好なる応化を見るに至るやも知るべからず、若しも果して然らんには僕の論ずる所は全く杞憂《きゆう》に過ぎぬこととなるであらう。僕は吾邦前途の為めに偏に、それを禱《いの》るのである。(37)

加藤の最晩年における主張の変化は、功利一辺倒に開き直れない日本人の特質を示すものでもあるだろう。

（1）たとえば、田中浩「福沢諭吉と加藤弘之―西洋思想の受容と国民国家構想の二類型」（『一橋論叢』第一〇〇巻第二号、一九八八年八月）、河野有理「政体―加藤弘之と福澤諭吉」（河野有理編『近代日本政治思想史―荻生徂徠から網野善彦まで』ナカニシヤ出版、二〇一四年）など。

（2）加藤の生涯については、田畑忍『加藤弘之』（吉川弘文館、一九五九年）、田頭慎一郎『加藤弘之と明治国家』（学習院大学、二〇一三年）を参照。
（3）加藤弘之『天則百話』博文館、一八九九年、六九頁。
（4）同右、一三六頁。
（5）石橋湛山「加藤弘之氏博士の『自然と倫理』を評す」一九一二年十月、『石橋湛山全集』第一巻、東洋経済新報社、一九七一年、一一九頁。
（6）「我が加藤先生を追悼す」『丁酉倫理講演論集』一六三、一九一六年三月、巻頭。
（7）土田杏村『日本支那現代思想研究』一九二六年、『土田杏村全集』第四巻、第一書房、一九三五年、六三頁。
（8）田頭慎一郎は、政争に敗れたことで、朋友が甚だ少なかった加藤が、孤独を癒すため、着実な学問をするというより、「議論好き」として相手を挑発する性質を持ったと指摘している。前掲田頭『加藤弘之と明治国家』二六頁。
（9）田頭慎一郎は、「加藤の『天賦人権』論は、直接には政治的抵抗の主張には連結してはおらず、統治者に対しても被治者に対しても心構えを説くほどの意味しか有してはいなかった。彼の『天賦人権』論は、政治的な主体として民を位置づけるよりも経済的なそれとして位置づける基礎整備の意味しかなかったといえよう」と述べている。前掲田頭『加藤弘之と明治国家』二六四頁。
（10）『福澤諭吉全集』第一巻、岩波書店、一九五八年、一四頁。
（11）明治文化研究会編『明治文化全集』第二巻、日本評論社、一九五七年、七三頁。
（12）松本三之介編『明治思想集Ⅰ』筑摩書房、一九七六年、八一頁。
（13）同右、九一～九二頁。
（14）加藤の転向を詳細に論じたものに、松本三之介『近代日本の政治と人間―その思想史的考察』（創文社、一九六六年）がある。
（15）加藤弘之『人権新説』、前掲『明治思想集Ⅰ』一〇二頁。
（16）同右、一一三頁。
（17）同右、一二〇頁。
（18）加藤弘之「日本固有の道徳に就いて」『丁酉倫理講演論集』一一三、一九一二年一月、五頁。
（19）加藤弘之「利己利他の弁」『丁酉倫理講演論集』一三六、一九一三年十二月、九～一〇頁。
（20）加藤弘之『真政大意』上巻、山城屋佐兵衛、一八七〇年、一〇頁。

(21) 加藤弘之『新文明の利弊』金港堂、一九〇八年、一二〇～一二二頁。
(22) 『地理学考』一八九四年、『内村鑑三全集』第二巻、岩波書店、一九八〇年、三六三頁。
(23) 「国際聯盟は可能なり」一九一九年一月、『吉野作造選集』第六巻、岩波書店、一九九六年、一三頁。
(24) 加藤弘之『進化学より観察したる日露の運命』博文館、一九〇四年、三六頁。
(25) 加藤弘之『強者の権利の競争』哲学書院、一八九三年、二〇八～二〇九頁。
(26) 『時事小言』『福澤諭吉全集』第五巻、一九五九年、一八四頁。
(27) 加藤弘之「万国平和ト露国」『国家学会雑誌』一八巻二〇九号、一九〇四年七月、一〇頁。
(28) 加藤弘之『自然界の矛盾と進化』金港堂、一九〇六年、三〇五～三〇七頁。
(29) 斎藤隆夫「支那事変処理を中心とした質問演説」一九四〇年二月、斎藤隆夫著・川見禎一編『斎藤隆夫政治論集』斎藤隆夫先生顕彰会、一九六一年、三一～三二頁。
(30) 出原政雄「斎藤隆夫の軍部批判の論理と戦争肯定論」『同志社法学』六三巻一号、二〇一一年六月、一七七頁。
(31) 「支那事変より大東亜戦争に対する直筆」一九四三年九月、前掲『斎藤隆夫政治論集』二〇四頁。
(32) 佐藤太久磨は、加藤の社会進化論を「道義的ないし倫理的審判から解放された世界認識の方法を樹立するという課題を担った『学知』」と指摘している。佐藤太久磨「加藤弘之の国際秩序構想と国家構想」『日本史研究』五五七、二〇〇九年一月、三一頁。
(33) 吉田熊次は、「先生の人格は極めて高尚で又極めて公正で、決して私利とか私欲とかを主とせられる様なことはなかったのである。却て其の反対に世の為め人の為めには私利私欲を犠牲にせられ、又常に公徳を重んぜられし許でなく、後進者に対しては公平に愛憐の情を垂れられたのである」と追想している。「男爵加藤弘之先生の人格」『丁酉倫理講演論集』一六三、一一二頁。
(34) 加藤弘之「欧州出兵説は愚論也（上）」『東京日日新聞』一九一五年一月五日付。
(35) 加藤弘之『人性の自然と吾邦の前途―「自然と倫理」の補遺第三』大日本学術協会、一九一五年、一五〇頁。
(36) 同右、一五五～一五六頁。
(37) 同右、一八四～一八五頁。

第三章　内村鑑三の「日本の天職」論

はじめに

福沢諭吉と加藤弘之が国民の眼を道義から功利という価値観へと向かわせたことに一定の役割を果たしたとすれば、彼らより一世代若い内村鑑三（一八六一〜一九三〇）は、功利に染まりつつある国民をして、再び道義の世界へと誘う役割を担った。それは、また、近代日本における勝者を目指して功利の価値観を追い求めるも結局は失敗・挫折せざるをえなかった青年たちに、道義こそ人生の本義と訴えることで、彼らを再生の道へと導くものでもあった[1]。内村は、次のように福沢を評している。

金銭是れ実権なりといふは彼〔福沢諭吉〕の福音《ふくいん》なり、彼に依て拝金宗《はいきんしゅう》は耻《はず》かしからざる宗教となれり、彼に依《よっ》て徳義は利益の方便としてのみ貴重なるに至れり、武士根性《こんじょう》は善となく悪となく悉く愚弄《ぐろう》排斥せられたり、（中略）遠慮なく利慾《りよく》を嗜《たし》みし者は薩人《さつじん》と長人《ちょうじん》となり、利慾を学理的に伝播《でんぱ》せし者は福沢翁《おう》なり、日本人は福沢翁の学理的批准《サンクション》を得て良心の譴責《けんせき》なしに利慾に沈淪《ちんりん》するに至れり、薩長政府の害毒は一革命を以て洗滌《せんでき》し去るを得ん、福沢翁の流布《るふ》せし害毒に至ては精神的大革命を施《ほどこ》すに非《あら》ずんば日本人の心底より排除し能《あた》わざらむ。(2)

内村は、ここで近代日本における福沢思想の問題点を見事なまでに剔抉している。日本国民における「精神的大革命」こそ内村がその生涯において挑んだ最大の思想的課題であった。

1　東西の媒介者

札幌農学校とアマースト大学というキリスト教精神に基づく教育機関で、学問および思想形成を遂げた内村は、福沢や加藤とは異なり、早い段階から科学のほかに信仰というバックボーンを有していた。アマースト大学のJ・H・シーリー総長の感化によりキリストの十字架の贖いを信じ、回心を体験した内村は、そのアメリカ留学時代に、自らの墓碑銘のためとして、愛用の聖書に、I for Japan; Japan for the World; The World for the Christ; And All for God. との英文を書きつけたように、神や世界といった普遍的なもののために日本ないしは自分が出来ることは何か、すなわち祖国日本と自分自身の使命という課題を意識するようになったのである。(3)

一八九一年の教育勅語不敬事件は、妻や職をはじめとする大切なものをすべて失うという人生における最大の試練であったが、内村は神を信じきることで乗り越えた。これ以降、内村は、一層、キリスト信仰を確実なものとし、使命や天職といったものを深く考察するようになっていく。

処女作『基督信徒の慰』（一八九三年）は、「第一章　愛するもの丶失《う》せし時」「第二章　国人に捨てられし時」「第三章　基督教会に捨てられし時」「第四章　事業に失敗せし時」「第五章　貧に迫りし時」「第六章　不治の病に罹《かか》りし時」という構成から成り立っているが、それは不敬事件での自己の体験に基づいて組み立てられたものであった。本書の末尾で「汝《なんじ》は絶望すべきにあらざるなり」(4)と述べているように、古今東西に及ぶ挿話を紹介しながら、人生がいかに希望に満ちたものであり、失望するに値しないものであるかを情熱的に説いている。「第四章」では、福沢の楠公権助論を取り上げ、楠木正成の死によって南朝は滅亡にいたったが、五百年後の幕末に、楠木の忠義に感化された勤皇の志士が出現して明治維新がもたらされたと解釈し、「一楠氏死して慶応明治の維新に百千の楠公起れり、楠公実に七度人間に生れて国賊を滅せり、楠公は失敗せざりしなり」(5)とまで述べる。続く「第五章」では、マルサス人口論などの影響によって餓死の危険性を説く言論に対して、ナポレオンの「食ひ過ぎて死するものは食足らずして死するものよりも多し」(6)との言葉や、一八八九年の死者の統計表（餓死者一四七二人、消化器病にての死者二十万五千余人）を紹介して、「人口稠密《ちゅうみつ》なる我国に於てすら餓死するものとては実に寥々《りょうりょう》たるにあらずや、天の人を恵む実に大なり」(7)と述べている。

『基督信徒の慰』の刊行によって著述家としての道を開いた内村は、貧困と戦うなかで神への信仰を揺るぎないものとし、その立場から新奇な著作を次々と発表していく。日清戦争の直前に刊行した『地理学考』（一八九四年。一九八七年に『地人論』と改題され再版）は、キリスト教の摂理に基づいて世界の地理と歴史を解き明かし、そのうえで日本の天職を指し示した地理学・歴史哲学書であった。キリスト教の博愛主義と世界地理の知識に基づいて、「国家のみが一個独立人たる社界にあらず、地球其物が『一個有機的独立人』なり、地方が一国の一部分に過ぎざるが如く一国も地球てふ一『独立人』の一部分たるに過ぎず、（中略）我等は日本人たるのみならず亦《また》世界人（Weltmann）たるべきなり[8]」と主張する。具体的な産業活動を通じて世界とつながっている様子を浮かび上がらせる次の文章は、かつてエリート学生を相手に地理・歴史を教授していた内村の面目躍如たるものがある。

　我の食はんと欲するものを我自ら耕し、我の紡《つむ》ぎしものを以て我が体を被《おお》ひ、以て僅かに生命を終らんとせば我は四千九百万方哩《マイル》を有する地球に生れ来りし特権を放棄せし者なり、我は世界の民（Weltmann）にして人は各々世界を彼の領土となし得るなり、カシユミヤの肩掛《かたかけ》を以て寒を防ぎ、魯国の麦粉を以て饑饉を癒《いや》し、南米の牛皮を以て我が靴を作り、巴里《パリ》、里昂《リヨン》の職工をして我が絹糸を紡がしめ、北米の石油を燈《とも》し、印度の咖啡《コーヒー》に快活を求め、五大洲の土壌をして我が躰躯《たいく》の分子たらしむるは、我の為し得る事にして我の為すべき事なり[9]。

こうした世界観念に立った上で、偏狭な愛国主義を次のように容赦なく批判するのである。

世界観念、博愛主義は、自重愛国の念を減殺《げんさい》すと云ふものは如何《いか》なる愚者ぞ、若《も》し其識の狭きを以て愛国と称するならば井底の蛙《かわず》こそ最上の愛国者なり、（中略）愛国とは国自慢にあらず、スペンサー氏の所謂《いわゆる》「愛国とは自利主義を自国に適用せしものなり」との言は其最下等の意味を言ひしものなり、自利主義若し非徳なれば之を国家に摘用するも非徳なり、真正の愛国心とは宇宙の為めに国を愛するを言ふなり、而して如斯愛国心のみが最も国を利するの愛国心なり。[10]

「宇宙の為めに国を愛する」とは、アマースト大学時代に聖書に綴った英文を想起させるもので、回心以来、一貫して追求してきたテーマであった。A・ギヨー『地と人』（*The Earth and Man*）などの地理学書などを参考にしながら、日本の地理的特色を、①アメリカとアジア大陸の間にある島国、②アメリカに向かって東開する港湾と中国大陸に向かって西開する港湾が多い、③南北に山脈が広がるとともに、これを横断する形で東西にも所々山脈が点在する、という点に見出し、日本国の天職を「東西両洋間の媒介者」と述べる。[11] パミール高原に発祥した人類はここを起点として西と東とへ分流、人類とともに西へ移動した文明は、西方アジア、ヨーロッパ、北アメリカを経て発展し、太平洋上の日本に到達、片や、東漸した人類は、インドと中国でそれぞれ文明を発展させ、東西の両文明は日本で融合して「新文明」となり、ここから東洋西洋への還流が開始されるという壮大な文明論を展開する。そして、その「新文明」は、さらに、今まで文明が及ばなかった南半球に向けて南漸し、それによって、「人欲悉く去り、天理悉く存し、善と真と美とが水の太洋を掩ふが如く地球全土を掩ふに至て、此地創造の目的は達せられしなり」[12]と、神の事業が完成することを思い描いたのである。

ここには、「人類の最終期は克己博愛の時代なり」[13]というように、人類の将来への極めて楽観的な考えが存在しているが、それは、「歴史は人類進歩の記録である、或は人類の発育学である」[14]という文章に象徴される独特な進歩史観に拠るものであった。留学先のアマースト大学にて、信仰の原点を刻むとともに、科学へのあくなき追求を志した内村は、神の摂理に基づいて正義の支配が前進するという進歩史観を身につけた[15]。そして、人類の発展に新興国日本が多大な貢献をするというシナリオが若き内村を魅了したのである。

「新文明」をアジアの隣邦に伝えることこそ日本の天職と信じた内村は、日清戦争の勃発にさいして、「吾人は信ず日清戦争は吾人に取りては実に義戦なりと、其義たる法律的にのみ義たるに非らず、倫理的に亦《ま》た然《しか》り、義戦たるものは此種の義に因《よ》らざるべからず[16]」と、日本の軍事行動を正当化する論説を展開する。いわゆる日清義戦論である。ここでの内村の東アジア情勢に関する認識は、『時事新報』をはじめとする当時の新聞メディアとほぼ同じものである。中国・朝鮮への渡航経験もなく、中国・朝鮮人との交流もほとんどなかった内村には、新聞メディア以外に中国・朝鮮情勢を知る術を持たなかった。また、その間違った認識を糺してくれる人脈もなかった。「過ぐる二十余年間支那の我に対するや其妄状無礼なる事殆んど吾人の忍ぶ可からざるあり、大西郷已《すで》に此に見る所あり、即時に其罪を問はんとする彼の熱血的希望は実に彼の生命を捨しむるに至り(17)」と述べているように、西郷らの征韓論登場の契機となった朝鮮政府との外交交渉の決裂でさえ、「支那の我に対するや其妄状」と解釈する誤りを犯している。世界史に精通する内村は、ペルシア戦争、ポエニ戦争、英西戦争を例にあげ、「新文明を代表する小国」が「旧文明を代表する大国」と衝突するのも、前者が後者に勝利するのも歴史の必然であるといい、「人類の進化歴史に於て摂理は常に小をして新を代表せしめ、大をして旧を代表せしめたり、是れ蓋《けだ》し肉に対して霊を試み、量に対して質を練らんが為めなるべし(18)」と指摘する。朝鮮をめぐる日本と清国の関係についても、その実情を明らかにしようとするのではなく、こうした独特な世界史の法則にあてはめた上で解釈するのである。

明治十五年〔一八八二年〕以後支那の我邦に対する行為は如何《いか》なりしや、朝鮮に於て常に其内治に干渉し、我国の之に対する平和的政略を妨害し、対面的に我に凌辱《りょうじょく》を加へて止まざりし、我は朝鮮を開んとするに彼は之を閉んと欲し、朝鮮に課するに彼の満洲的制度を以てし、永く属邦として之を維持し、支那其れ自身が世界の退隠国なる如く朝鮮もその例に倣《なら》ひ、世界の進歩に逆抗せしめん事を勉めたり、(中略)而して支那干渉の結果たるや東洋に於ける一昇星と望みし朝鮮は今日尚未だ隠星の一たるに過ぎず、生産挙らず、収斂《しゅうれん》行はれ、非政は白昼に横行しつ、あり。（中略）頑是なき人霊一千五百万は世界の最大退歩国の悋気を満たさんが為めにのみ無智無防の位置に在り。(19)

一八八二年の壬午軍乱以降、中国朝鮮商民水陸貿易章程が調印されるなど清国の朝鮮への内政干渉は強まっていく。それに反発した金玉均らの独立党を日本が支援し、甲申事変が勃発することになるが、それらを「平和的政略」というのは、内村の勝手な思い込みに過ぎないだろう。「世界の最大退歩国」（清国）の魔の手から「東洋に於ける一昇星」（朝鮮）を解き放ち、さらには、清国を覚醒させて、ともに東洋の文明化に従事するというのが、内村の主張する日清戦争の目的であった。当時の日本の対外政策に対しても、西洋文明に対してもほとんど疑念を抱くことがなかった内村は、朝鮮や中国だけでなくアジア全体における文明の先導者として、日本の使命を位置づけたのである。

吾人は亜細亜の救主としての此の戦場に臨むものなり、吾人は既に半ば朝鮮を救へり、是れより満洲支那を救ひ、南の方安南暹羅《シャム》に及び、終《つい》に印度の聖地をして欧人の羈絆《きはん》より脱せしめ、以て始めて吾人の目的は達せしなり、東洋の啓導を以て自ら任ずる日本国の冀望は葱嶺以東の独立振起より小なる能はず、軟弱支那の如きを困窘《こんきん》せしめ其衰頽より吾人の名誉と富強とを致

さんと欲す[20]、

2　富国強兵路線への批判

　西洋化とはこの地球が現在有する最高の文明の形態であるキリスト教を受容することと捉えていた[21]内村は、当初、西洋化による弊害を全く無視していた。日清戦争の時点では、日本の対外政策および西洋化について疑念を抱かなかったが、日清戦争後、帝国主義的野望を剝き出しにする日本の対外政策を目のあたりにすることで、明治維新以来の富国強兵という日本の歩みを否定的に考えるようになったのである。
　台湾をはじめとする領土と多額の賠償金を得た日清講和条約調印からまもなくして、アメリカの知人に「義戦は掠奪戦に近きものと化し、その『正義』を唱えた預言者は、今や恥辱のうちにあります」と綴った書簡を送っている[22]。さらには、閔妃殺害事件（乙未《いつび》事変）が発生し、朝鮮への野望が明らかになるや否や、帝国主義に加担する日本国民に対し容赦のない批判を展開する。

　戦局を結んで戦捷《せんしょう》国の位置に立つや、其主眼とせし隣邦の独立は措《お》て問はざるが如く、新領土の開鑿《かいさく》、新市場の拡張は全国民の注意を奪ひ、偏《ひとえ》に戦捷の利益を十二分に収めんとして汲々《きゅうきゅう》たり、義戦若し誠に実に義戦たらば何故に国家の存在を犠牲に供しても戦はざる、日本国民若し仁義の民たらば何故に同胞支那人の名誉を重んぜざる、何故に隣邦朝鮮国の誘導に勉めざる、余輩の愁歎は我が国民の真面目ならざるにあり、彼等が義を信ぜずして義を唱ふるにあり、彼等の隣邦に対する深切は口の先きに止て心よりせざるにあり、彼等の義侠心なるもの、浅薄なるにあり、(23)

内村が祖国日本に求めたのは、口先だけの道義や仁義ではなく、真に世界の平和と幸福に寄与することのできる道義大国であった。

世界の日本は世界を益する事を以て其目的となさゞるべからず、平和と進歩と開明とを供する事を以て其方針となさゞるべからず、口に君子国を唱へて心にミル、ベンタムの粗暴なる優劣敗主義を保持するが如き偽善を脱却せざるべからず、世界の日本たるは大なる日本たる事にして、大なる日本たる事は先づ倫理的に思想的に大なる事なり、兵を増すは是が為めならざるべからず、武に誇らんが為めに非ずして義を強ひんが為めなり、富を増すは是が為めならざるべからず、快楽を増進せんが為めに非ずして真理の発揚を補はんが為めなり。(中略)富は義務の実行に伴ふて来るを要す、富の為めにする富は富にして富にあらず、徳は得なり、日本の最大利益は勉めて其天職を全ふするにあり、地を遼東に略して返《かえっ》て之を失ひ、利を朝鮮に求めて返て之を他邦に譲る　日本の為めにして日本は不利を招き、世界の為めにして日本は始めて実利を博するを得べし、余輩は世界の日本を唱へて日本の実益を謀らんと欲す、日本の日本又は日本の世界を叫んで俗論に媚《こ》ぶるを耻《はじ》とす。[24]

西洋の帝国主義から自国を守るための富国強兵路線を放棄し、アジアのため世界のために尽くすことで返って実利を得られる、すなわち道義のための功利を主張したのである。ここには、後年の石橋湛山が主張する小日本主義と共通のものを見出すことができよう。

富国強兵路線への批判は、それを推し進めて来た明治政府、そしてそれを生み出した明治維新への批判にまでつながっていく。かつて内村は、『代表的日本人』（一八九四年に *Japan and the Japanese* と題して刊行）のなかで、明治維新について、「自国を健全な道徳的基盤のうえに築こうとした西郷隆盛が主導した「西郷の革命」」と称し、「永遠に価値ある革命すべてと同じように、正義と神の必然のはからいに出発しています」とその道義性を高く評価していた。[25] しかし、日清戦争後は一転して、「無辜《むこ》の為めに起《た》ち、弱者の為めに弁じ、義に拠て威と強とを排するが如きは三十年間の彼等の歴史に於て一として実跡の存するあるなし」[26]と痛烈に明治政府を批判し、「維新改革なる者の道義的改革に非ずして利己的掠奪の一種たりしことは其今日に顕れたる結果に依て明瞭なるに非ずや」[27]「勤王は彼等掠奪の名義なりき、我等に唯公議の頼るべきあるのみ、法と術と威と権とを以てせし彼等は今日の堕落を来《きた》せり、我等は善を積んで汚毒を後世に遺さゞらん事を勉むべし、第二の維新は君子的たるべくして薩長的たるべからず」[28]と、明治維新の道義性を強く否定したのである。「第二の維新」を説くあたりは、後年の民間右翼や青年将校らの「昭和維新」を彷彿とさせるものがあるが、内村は、右翼や国粋主義者たちが「逆臣」「国賊」と非難攻撃してきた北条執権家や足利尊氏を高く評価するのである。「国賊」と非難されてきた彼らをあえて称賛することで、明治政府の欺瞞性を炙りだそうとしたともいえる。

名義の立派にして実行の挙《あが》らざるは薩長政府なり、名義の拙《つたな》くして実行に最も富みしは北条政府なり、前者は尊王愛国正義公論を唱道し、政権を握て未だ三十年ならざるに、真道《しんどう》日々に衰へ、奢侈《しゃし》日々に増加し、吏は傲《ごう》にして驕《きょう》、民は僻《へき》にして惰《だ》、後者は賊名を千載《せんざい》に垂《た》れ、大義名分の誇るべきなくして、一百五十年の長き、日本歴史の未だ曾て認めざる高尚厳粛なる政治を我国に供《きょう》したり、若し名を以て云はん乎《か》、松方正義、伊藤博文、後藤象二郎、大隈重信等は皆義士なり、忠臣なり、若し実を以て評せん乎、北条泰時、同時頼、同時宗等は日本国民の恩人なり、余輩は孰《いず》れを選ぶべきかを知らず[29]。

足尾銅山鉱毒事件に関心を持った内村は、一九〇一年四月、木下尚江らとともに、初めて鉱毒地に足を踏み入れ、その感想を「鉱毒地巡遊記」（一九〇一年四月）としてまとめるが、そのなかで、鉱毒被害民でもある足利の住民に対して、足利尊氏を持ち出して痛烈な批判を展開する。

> 尊氏は確に日本が曾《かつ》て生ぜし大英傑の一人なり、彼は無慾《むよく》の人なりし、彼は友情に篤《あつ》き人なりし、彼は忍耐の人なりし、彼は亦或意味に於ては誠忠の人なりし、彼れ不幸にして時の朝廷に反対せざるを得ざるの地位に立てり、（中略）余は足利人が其富を投じて一大石碑を『逆臣』足利尊氏のために足利又は鎌倉の地に建てざるを怪む、余は足利人が尊氏の如き大英雄を産し置きながら彼を以て誇らずして絹糸綿糸《きぬいとめんし》の産出高多きを以て誇るを怪《あやし》む、嗚呼《ああ》、物質的日本よ、汝の今日求むる所のものは人物にあらずして物品なり、正義にあらずして金力なり、尊氏を出《いだ》せし土地は尊氏を以て誇らずして、否《い》な返て彼を産せしを以て耻として、其機業、其織物を以て誇るなり、嗚呼、関東八州、汝等も終には中国人九州人に物質化せられたり(30)。

ここでいう「中国人九州人」が、薩摩・長州に代表される藩閥政府を指しているのはいうまでもないが、これ以外に、言論人である内村が意識していたのは、政府の富国強兵路線を言論で支える役割を果たした九州出身の福沢諭吉と徳富蘇峰であった。「日本の未来に関して常に楽天的希望を懐く者は、国家を以て一つの合名合資会社の如くに見做す福沢翁と、日本国を以て先天的膨張国なりと信ずる徳富蘇峰とあるのみ(31)」と批判する。

内村が『万朝報』を舞台にジャーナリストとして活躍した十九世紀末から二十世紀初頭は、労働争議や公害問題など様々な社会問題が発生し、富国強兵路線および西洋近代文明の矛盾が明らかになりつつあった。内村は、時事問題についての筆を執るなかで、それらの問題の深刻さを感じるとともに、その究極的な解決策、すなわち「精神的大革命」を実現するためにはキリスト信仰しかないとの確信を一層強めるにいたったのである。キリスト教への確信が強まるにつれて、内村の言論は道義面が強調され、日露戦争勃発前には、「戦争は人を殺すことでありまして、『人を殺す者は窮《かぎり》なき生命《いのち》その衷《うち》に在ることなし』との使徒ヨハネの言は火を睹《み》るよりも明かなる真理であります、世に『義戦』ありといふ説は今や平和の主を仰ぐキリスト信者の口に上《のぼ》すべからざるものであります、私自身は今は絶対的非戦論者であります[32]」と絶対的非戦主義の立場を主張するまでになった。福沢や加藤が功利的な視点から戦争を論じたのに対して、内村は道義的価値観に立ち戦争の不義を説いたのである。

　世に戦争の利益を説く者がある、然り、余も一時は斯《か》かる愚を唱へた者である、然しながら今に至て其愚の極《きょく》なりしを表白する、戦争の利益は其害毒を贖《あがな》ふに足りない、戦争の利益は強盗の利益である、是れは盗みし者の一時の利益であつて、(若し之れをしも利益と称するを得ば)、彼と盗まれし者との永久の不利益である、盗みし者の道徳は之が為に堕落し、其結果として彼は終に彼が剣を抜て盗み得しものよりも数層《すそう》倍のものを以て彼の罪悪を償はざるを得ざるに至る[33]。

こうした内村の非戦論が幸徳秋水や堺利彦らの社会主義的非戦論とともに、近代日本における平和主義的潮流に与えた影響は少なくないが、道義を強調するあまり現実離れの傾向が強くなっていったことも否めない。「非戦主義者の戦死」（一九〇四年十月）は、非戦論者に召集令状が来た場合、徴兵忌避の態度ではなく、戦地に進んで赴き、甘んじて敵弾の的となることを説くという判断に迷う一文である。

> 総ての罪悪は善行を以てのみ消滅することの出来るものであれば、戦争も多くの非戦主義者の無残なる戦死を以てのみ終に廃止することの出来るものである、可戦論者の戦死は戦争廃止のためには何んの役にも立たない。然れども戦争を忌《い》み嫌らい、之に対して何の趣味をも持たざる者が、其唱ふる仁慈の説は聴かれずして、世は修羅の街《ちまた》と化して、彼も亦敵愾《てきがい》心と称する罪念の犠牲となりて、敵弾の的《まと》となりて戦場に彼の平和の生涯を終るに及んで、茲に始めて人類の罪悪の一部分は贖はれ、終局の世界の平和は其れ丈け此世に近けられるのである。[34]

「総ての罪悪は善行を以てのみ消滅することの出来る」というように、ここには内村独特の「代理贖罪」（代贖）論が根底にあると考えられる。[35] 内村は、『求安録』（一八九三年）のなかで、「贖罪の哲理」として「罪なきものが罪あるものゝ罪を負ふにあらざれば其罪は消滅せざるべし」[36]と主張して、犯罪の償われ方について次のように考察する。たとえば罪人がその罪に見合った刑罰を受ける時は、彼の苦痛に何の贖罪の効果もないし、社会的にも積極的な利益をもたらさない。しかし、裁判官の不正や弁護人の不親切等により窃盗犯が強盗犯に相当する刑罰を受けたとしたら、世間は彼を憐れみ、さらには裁判官や弁護人をして自分の不正不実を後悔せしめ、今後二度と失敗は起こらないようになる。これがもし冤罪であれば、裁判官と社会一般に及ぼす感化力は一層大きなものとなる。さらには、この刑罰を受けた者が無実の人であるだけでなく義人であれば、彼の贖罪力は彼の善行の大きさと受けた刑の重さに比例して増大する。佐倉惣五郎やJ・ハムデンの悲劇を例に取り、「義人の死に勝る勢力の世に存するなし」[37]と述べるのである。

このような内村の代贖論は、弟子たちに大きなインパクトを与え、受け継がれていったものと考えられる。江原万里は、その晩年、古代イスラエルの預言者エレミヤを取り上げ、国を真に愛しながら国から迫害され神から罰せられた悲劇的生涯から「直に神に選ばれた義人が同胞に代つて苦しむことによつて、人々は救はれる」という「宗教上の大真理」を確認する。[38]江原の無教会派伝道者としての声名を高めたのは、一九三三年四月から七月にかけて、鎌倉市内に会場を借りて、三谷隆正、山田幸二郎、矢内原忠雄の応援を得て日曜毎に行ったキリスト教講演会、所謂「鎌倉講演」であるが、そこで、死病に喘ぎながら軍国主義化する祖国の危機と神の福音を説き続けた。死の淵にさいして「おれは日本の皆のために苦しむんだ[39]」と呻いていたことから察して、そのような壮絶な戦いに江原を駆り立てたのは、エレミヤ同様、自らが不義なる国に代わりその罪を一身に受けて苦しむことで祖国を救済しようとする代贖論的な思想によるものであったと考えられる。

また、矢内原忠雄は、戦後、二人の弟子（秋山宗三と二宮健策）の戦死を代贖論から次のように解釈している。

戦争が終了する為には、罪なき者が犠牲としてささげられなければならなかつた。（中略）燔《ばん》祭《さい》の犠牲は潔き全き当歳の羔羊《こうよう》たるを要した。潔き者でなければ、神の前に犠牲としてささげられるに適しないのである。而して潔き者とは信仰の義しき者の意に外ならない。秋山君にしても二宮君にしても、彼等の生涯に於いて信仰が最も義しき状態に上昇し、その将《まさ》に満開せんとする最美の絶頂に於いて、突如《とつじょ》天に引上げられたのである。両人共、一人の敵をも射たずして、敵に完全に倒された。(40)

このような代贖論による解釈は、愛する弟子の無念の死を自らが受け入れるため、あるいは周囲を納得させるために必要なものであったかもしれない(41)が、「神への犠牲」という名目の下に尊い一人の人間の死を安易に認めてしまう危険性も孕んでいるように思える。自らの死を受け入れる側からすると、大義の前に率先して自らを犠牲にすることは極めて尊いという価値観を認めることになりはしないか。内村は、自分の娘を神に捧げることで祖国を救った古代イスラエルの英雄エフタを論じて、「犠牲に犠牲、人生は犠牲であります、犠牲なくして人生は無意味であります、幸福は人生の目的ではありません、犠牲こそ人生の華《はな》であります(42)」と記している。ここには、道義を追求するあまり自己の人生を犠牲にしてしまう傾向が窺える。こうした傾向は、福沢らの功利を重視する考えに反発し、道義を強調した同時代の思想家にある程度共通したものであった。

たとえば、幸徳秋水（一八七一～一九一一）は、資本主義経済の矛盾が現出し始めるなかで、「現時の如き不完全なる社会組織の下に在ては、個人が社会の一人として完全に其社会に対する責務を尽さんと欲せば、必ずや自己を挙げて其犠牲とするの覚悟なかる可らず、故にヨリ高き道徳を有するものは、必ずヨリ多くの犠牲を供す、ヨリ多くの犠牲を供するものは必ずヨリ多くの名誉を得、是れ貧者の一燈が富者の萬燈より貴尚せらるゝ所以に非ずや[43]」と主張した。また、大物議会政治家・星亨の殺害事件（一九〇一年六月）にさいしては、「是れ豈に古の殉道者《マーター》の心事に非ざる乎[44]」と、暗殺者の伊庭想太郎を擁護する発言を展開した。こうした「自己犠牲」を肯定する考えが、やがて幸徳をして暴力革命主義へと向かわせたことは否定できない。さらに、そこに「大東亜戦争」期における生還の可能性を排除した戦法との共通性を見出せるというのは飛躍し過ぎだろうか。内村の著書を愛読していた、第一高等学校卒の特攻隊員・佐々木八郎は、海兵団入団直前の日記（一九四三年十二月七日条）に「我々は宇宙の完成のために機能となるべき存在である。より大きな犠牲となった者が偉いのである。自分のために享楽することが目的ではない[45]」と記している。

3 宗教国としての天職

『万朝報』退社後、個人雑誌『聖書之研究』を主な発表媒体とし、角筈（後に柏木）の自宅にて数十人の信徒を相手に聖書講義をするといった「隠者」と化していた内村は、家永三郎が指摘するように[46]、その社会意識をいちじるしく後退させていった。しかし、この時点では、内村はまだ日本の近代化に多少の期待を持っていたようである。一九〇九年十月、内村は、親友である新渡戸稲造第一高等学校校長に感化されて読書会を開いていた東京帝国大学および第一高等学校のエリート学生たちの入門を許し、彼らに信仰指導を行うことにした。「柏会」と名づけられたグループのメンバーは、前田多門、鶴見祐輔、岩永裕吉、川西実三、沢田廉三、森戸辰男、三谷隆正、藤井武、黒崎幸吉、塚本虎二、膳桂之助、高木八尺、江原万里、河合栄治郎、矢内原忠雄など、後年、官界、実業界、宗教界などで活躍する者たちで、内村の期待も大きかった[47]。

内村は、「ルーテル伝講話」（一九一〇年九月）や「デンマルク国の話」（一九一一年十月）などの講演を通じて、彼らに知識・学問より信仰の重要性を説いていった。内村は、将来有望なエリート学生に信仰指導することで、将来の日本を富国強兵路線とは異なる方向へと導こうとしたのである。しかし、世俗的で自己主張の強い彼らを導くのは容易なことではなかった。そもそも、彼らが内村に魅了されたのは、その強い人格や幅広い教養といったものであり、その信仰ではなかった。次の一文は、内村が柏会メンバーを念頭に置いて書かれたものであると推測される。

彼に多少の智識はある（主に狭き専門的智識である）、多少の理想はある、彼は芸術を愛し、現世を尊ぶ、彼は所謂「尊むべき紳士」である、然し彼の中心は自己である、近代人は自己中心。。。。。の人である、自己の発達、自己の修養、自己の実現と、自己、自己、自己、何事も自己である、（中略）彼は自己の慾望を去て神の聖業に参与せんと為《し》ない、却《かえっ》て神をして自己の事業を賛成せしめんとする、近代人はキリストの下僕《しもべ》ではない、其庇保者《ペトロン》である、彼は彼の哲学と芸術と社会政策とを以てキリストを擁立《もりたて》んとする、即ち彼はキリストに救はれんとせずしてキリストを救はんとする、彼は想ふ、キリストは彼の弁護なくして現代に於ける其神聖を維持する能はずと、所謂「近代人」は自己をキリスト以上に置て彼を批評する、（中略）彼は自己を中心としてキリストに従はずして基督信者たるの利益に与《あず》からんと欲する者である。(48)

結果的に、メンバーの一人が日比谷大神宮で挙式したことが内村の逆鱗に触れて、一九一六年に柏会は解散にいたる。こうした経験から「近代人」の限界を感じるにいたった内村にさらに追い打ちをかけたのが、第一次世界大戦の勃発であった。

廿世紀《にじゅうせいき》の始めに方《あたっ》て、人類が作り上げし最大最高の文明は、今や地上に臨みし最大の淆乱《こうらん》となりて文明の本家本元たる欧洲の地に於て実現されつゝあるのである、人道は声高く唱へられ、美術と文芸とは広く耕され、社会と国家とは科学的に建設され、人類幸福の増進は其極に達した如くに言《いい》はやされつゝありし間に忽焉《こつえん》として大破壊は来り、（中略）実に国の救済《すくい》は文明に在りと思ふたのが大なる間違であつたのである、文明は国を救はない、却て之を滅す、国を救ふ者は文明以外に他に在る、其れは**神の正義**である、神が其独子《ひとりご》を以て世に示し給ひし正義である、之を除いて他に国をも人をも救ふ者は無い(49)。

キリスト教国同士の未曾有の大戦争は、内村に人間の作り出す文明の限界を強く意識させる反面、絶対的な存在への確信を深めることになった。そして、最も期待していたキリスト教国・アメリカ合衆国までが参戦するという事実を受けて、内村は人類の可能性を完全に放棄し、「世界の平和は如何にして来る乎、人類の努力に由て来らず、キリストの再来に由て来る、神の子再び王として来る時人類の理想は実現するのである(50)」と、再臨信仰を展開することになったのである。

関東大震災による帝都破壊、排日移民法成立によるアメリカ移民の禁止など、大日本主義の発展にとって大きな障害が発生するに及んで、内村は、近代文明とは異なる新たな「日本の天職」を想定するにいたった。「武を以て鳴るべき国」でも「商業工業を以て世界に覇たる国」でもない日本は、宗教をもって世界に貢献すべきことを説いたのである。

世界は復《ふた》たび純信仰の復興を待ちつゝある。所謂西洋文明は其全盛に達して、此は世を救ふ者に非ずして却て亡す者である事が判明《わか》つた。物質文明の極度に達せし米国人自身が其未来に光明を認めずして暗黒を期待して居る。「人類の幸福は如何にして得らるゝ乎」の質問に題し、「世界の富源を開発し尽して」との答は満足なる答としては受取れない。全生涯を金儲け事業の為に費せし者が、老年に近《ちかづ》いて実業界を去つて精神界に入らん事を願ふと同じく、今や人類全体が憧憬《あこがれ》の目を純信仰に注ぐに至つた。誰か之を供する者ぞ。◯日本人ではあるまい乎。仏教が印度《インド》に於て亡びし後に日本に於て之を保存し、儒教が支那に於て衰へし後に日本に於て之を闡明《せんめい》せし日本人が、今回は又欧米諸国に於て棄られし基督教を日本に於て保存し、闡明し、復興して、再び之を其新らしき貌《かたち》に於て世界に伝播するのではあるまい乎。日本は神国であり、日本人は精神的民族であるとは自称自賛の言ではない。耻を知り名を重ずる点に於て日本人は世界第一である。(51)

ここには、「東西の媒酌人」であると述べた若き日の天職論の面影は全くない。そして、内村が「神国」日本を支える産業として期待したのは農業であった。「九州よりも少しく大なる丈けの面積と、僅に三百万の人口とを以て、主として農業を以て全世界の尊敬を惹《ひ》くに足るの国家的生命を営みつゝある」「理想の農民国」デンマークを模範として農業を活発にすることを主張する。内村は、デンマークがバターやチーズの乳製品を主な輸出品として国を富ませ、一人あたりの富がイギリスやアメリカよりも多いことを指摘し、「主として農産物を以て成る富であると知らば驚く外《ほか》はない。日本は元来《がんらい》農本国である。今より大に丁抹《デンマーク》国に学んで、農を以て強大なる平和的文明国たるべきである」と述べる。(52) しかし、デンマークの農業が豊かであるのは、世界的に需要の多いバターやチーズなどの酪農が主だからである。しかも、その酪農は、なだらかな高原と丘陵から成り、冬でも比較的温暖な気候であるデンマークの国土にして可能なものであった。島国・山国の特徴を持ち、四季の移り変わりの激しい日本において、デンマークのような大規模な酪農を展開するのは困難である。

特別講演「デンマルク国の話」に見られるように、内村にとってデンマークは早くから理想的な国家であったが、それは、日清、日露と次々と勝利を収め領土を拡大していく日本とは対照的に、第二シュレスウィヒ・ホルスタイン戦争で敗けて富裕な土地を失ったにもかかわらず、宗教的信仰に拠って立ち直ったキリスト教国家という点を強調したかったからである。帝国主義を採用せずに生き残ることのできた理想的な国家という憧憬であり、現実の経済社会に関する具体的な視点から考察されたものではなかった。教育勅語不敬事件によってすべてを失うという試練を経たことで信仰の確信をつかんだ内村は、自己の経験に照らして、信仰生活における試練の重要性を認識するにいたったが、それを国家レベルの問題にまで昇華させてしまったといえるだろう。内村は、その生涯において数々の不幸や試練に見舞われ、それらを克服することで信仰を深めていったが、そのことで、政治経済の問題でさえ信仰を中心に考察することしかできなくなってしまったのである。

おわりに

内村は、晩年、金貞植《キムチョンシク》や金教臣《キムギョシン》をはじめとする朝鮮人クリスチャンと交流を持ち、その純真な信仰心に感動し、朝鮮のキリスト教化に大きな期待を寄せた。晩年の日記には、「基督教は日本を素通《どお》りして朝鮮に受けられ　而して亜細亜大陸に及ぶのであらう。此事に於ては日本は仲継《なかつぎ》の役目を勤めたに過ぎまい」(53)「自分は此んなに深く自分の著書を読んで呉れた者の在る事を今日まで知らなかつた。そして其人が朝鮮の人であるから殊《こと》に有難い。自分の説きし福音は日本内地に於てよりも大陸方面に於てより善き果を結ぶであらうとは自分の常に期待してゐる所である」(54)と綴られている。一九〇七年の平壌大リバイバルにおいて朝鮮ではキリスト教の信者数が激増したが(55)、内村は、ハーグ密使事件後の第三次日韓協約において内政権をも奪われた朝鮮においてキリスト教が勢力を拡大したことに、失望こそが信仰を大きく飛躍させるという従来の信仰観をあてはめ、朝鮮を「東洋福音の中心」として大きな期待を寄せた。

聞く朝鮮国に著《いちじる》しき聖霊の降臨《こうりん》ありしと、幸福なる朝鮮国、彼女は今や其政治的自由と独立とを失ひて、其心霊的自由と独立を獲《え》つゝあるが如くし、願ふ、曾ては東洋文化の中心となり、之を海東の島帝国にまで及ぼせし彼女が、今や再《ふた》たび東洋福音の中心となり、其光輝を四方に放《はな》たんことを、神は朝鮮国を軽蔑《かろし》め給《たま》はず、神は朝鮮人を愛し給ふ、彼等に軍隊と軍艦とを賜《たま》はざるも、之に優《ま》さりて更らに能力《ちから》強き聖霊を下し賜ふ、朝鮮国は失望するに及ばず、(56)

このような期待を抱いて朝鮮への理解を深めようとする内村に、朝鮮人クリスチャンが接近して信仰指導を受け、両者の交流が繰り返されるなかで、内村は朝鮮人のなかに自分の後継者を見出すまでになった。一貫して道義を追求してきた内村は、儒教道徳に則り道義を重んじてきた朝鮮、とりわけその青年たちに大きな可能性を見出していったのである。忠君愛国を口では唱えながらも個人的な損得勘定に汲々としている日本の青年とは異なるものを見たのである(57)。そうした朝鮮人クリスチャンとの交流は、高崎宗司が指摘するように(58)、まさに「善循環」というべきものであり、最終的に道義を放棄して功利的な観点で朝鮮に応じることを選んだ福沢との決定的な相違点が見られるのである。

(1) 金銭や事業ではなく「勇ましい高尚なる生涯」こそ後世に残すことのできる最大遺物であると説いた内村の『後世への最大遺物』が近代日本の青年たちに与えた影響については、鈴木範久『近代日本のバイブル―内村鑑三の『後世への最大遺物』はどのように読まれてきたか』(教文館、二〇一一年)を参照。
(2) 「福沢諭吉翁」一八九七年四月、『内村鑑三全集』第四巻、岩波書店、一九八一年、一三四頁。〔 〕内は引用者注。
(3) 内村の生涯については、関根正雄編著『内村鑑三』(清水書院、一九六七年)、鈴木範久『内村鑑三』(岩波書店、一九八四年)を参照。
(4) 『内村鑑三全集』第二巻、一九八〇年、七一頁。

(5) 同右、四九頁。
(6) たとえば、加藤弘之は、マルサス人口論を取り上げて、「自然は有機体に生命を与へながら其生命を保全すべき手段に甚だ吝なるのである。実に容易なる大矛盾と云はぬければならぬ」と述べている。前掲『自然界の矛盾と進化』一二五頁。
(7) 同右、五八頁。
(8) 『内村鑑三全集』第二巻、三六二頁。
(9) 同右、三五七~三五八頁。
(10) 同右、三六四~三六五頁。
(11) 同右、四六三~四六四頁。
(12) 同右、四七九頁。
(13) 同右、三九三頁。
(14) 『興国史談』一九〇〇年、『内村鑑三全集』第七巻、一九八一年、二六六頁。
(15) 内村の歴史観については、松沢弘陽「内村鑑三の歴史意識 一~三」(『北大法学論集』一七~一九号、一九六六~一九六七年)を参照。
(16) 「日清戦争の義」一八九四年九月、『内村鑑三全集』第三巻、一九八二年、一〇五頁。
(17) 同右。
(18) 同右、一一〇頁。
(19) 同右、一〇五~一〇七頁。
(20) 「日清戦争の目的如何」一八九四年十月、『内村鑑三全集』第三巻、一四四頁。
(21) "NOTES." 一八九八年四月、『内村鑑三全集』第五巻、一九八一年、三九六頁。
(22) D・C・ベル宛内村鑑三書翰、一八九五年五月二十二日、山本泰次郎編『内村鑑三日記書簡全集』第五巻、教文館、一九六四年、二八六頁。
(23) 「時勢の観察」一八九六年年八月、『内村鑑三全集』第三巻、二三三頁。
(24) 「世界の日本」一八九六年年九月、『内村鑑三全集』第三巻、二六三~二六四頁。
(25) 内村鑑三著・鈴木範久訳『代表的日本人』岩波文庫、一九九五年、一六頁。
(26) 「薩長政府の非道徳」一八九七年四月、『内村鑑三全集』第四巻、一一九頁。

(27)「起てよ佐幕の士」一八九七年四月、『内村鑑三全集』第四巻、一二三頁。
(28)「道義的革命」一八九七年四月、『内村鑑三全集』第四巻、一二三頁。
(29)「薩長政府と北条政府」一八九七年四月、『内村鑑三全集』第四巻、一三一頁。
(30)『内村鑑三全集』第九巻、一九八一年、一五五〜一五六頁。
(31)「此極」一八九七年四月、『内村鑑三全集』第四巻、一三二頁。
(32)「平和の福音（絶対的非戦主義）」一九〇三年九月、『内村鑑三全集』第一一巻、一九八一年、四〇五頁。
(33)「戦争廃止論」一九〇三年六月、『内村鑑三全集』第一一巻、二九六頁。
(34)「非戦主義者の戦死」『内村鑑三全集』第一二巻、一九八一年、四四七〜四四八頁。
(35)内村の贖罪観については、道家弘一郎「内村鑑三の『贖罪』観」（『内村鑑三研究』第四四号、二〇一一年四月）を参照。
(36)『内村鑑三全集』第二巻、二三四頁。
(37)同右、二三七頁。
(38)江原万里「宗教と国家―エレミヤ記の研究」一九三二年十二月、『江原萬里全集』第一巻、岩波書店、一九六九年、二二四頁。
(39)金沢常雄「義人の死」高木謙次・福島穆編『江原萬里・祝　遺稿と回想』新教出版社、一九九四年、一二六頁。
(40)「二宮健策君の結婚と死」一九四五年一一月、『矢内原忠雄全集』第二五巻、岩波書店、一九六五年、二〇九頁。
(41)二宮の夫人で矢内原の姪であった二宮園子は、こうした矢内原の解釈を受けて、「健策さんの死は、更に起らうとするあの惨虐な原子爆弾の被害を食ひ止め、何十万の人々の生命を守つて呉れました。そして終戦に導く大きな役割を為しました。それを思ふと私は犠牲と云ふよりはもつと大きな、尊い、人間としてなし得る限り尊い任務を果されたやうに思はれます。その為に特に神様から選ばれた健策さんは本当に光栄でありました」と述べている。同右、二一一頁。
(42)「士師エフタの話」一九一二年六月、『内村鑑三全集』第一九巻、一九八二年、一四七頁。
(43)「平沼専蔵」一九〇二年八月、『幸徳秋水全集』第四巻、明治文献、一九六八年、一二六頁。
(44)「暗殺論」一九〇一年六月、『幸徳秋水全集』第三巻、一九六八年、二五八頁。
(45)佐々木八郎『青春の遺書』昭和出版、一九八一年、四〇四頁。
(46)家永三郎「日本思想史上の内村鑑三」鈴木俊郎編『回想の内村鑑三』岩波書店、一九五六年、一一九頁。
(47)柏会については、塚本虎二「先生に蝮の卵と言はれた『柏会』」一九三四年五月、（『塚本虎二著作集』第一巻、聖書知識社、一九八五年）を参照。

(48)「近代人」一九一四年一月、『内村鑑三全集』第二〇巻、一九八二年、二三九～二四〇頁。

(49)「文明の最後」一九一五年一月、『内村鑑三全集』第二一巻、一九八二年、一八七～一八八頁。

(50)「世界の平和は如何にして来る乎」一九一八年四月、『内村鑑三全集』第二四巻、一九八二年、一三五～一三六頁。

(51)「日本の天職」一九二四年十一月、『内村鑑三全集』第二八巻、一九八三年、四〇六～四〇七頁。

(52)「西洋の模範国デンマルクに就て」一九二四年九月、『内村鑑三全集』第二八巻、三七七～三七八頁。

(53)「日記」一九二五年十月三日条、『内村鑑三全集』第三四巻、一九八三年、四九〇頁。

(54)「日記」一九二九年九月九日条、『内村鑑三全集』第三五巻、一九八三年、四九四頁。

(55)浅見雅一・安延苑『韓国とキリスト教』中公新書、二〇一二年、一〇三～一〇四頁。

(56)「幸福なる朝鮮国」一九〇七年十月、『内村鑑三全集』第一五巻、一九八一年、二〇九～二一〇頁。

(57)「日記」一九二三年一月十九日条には、「今日も亦或る青年の訪問を受けた。用事の趣きは？と聞けば例に依て例の通り結婚問題である。実に厭《いや》になつて仕舞《しま》う。今や日本青年の最大問題と言へば此《この》問題である。国家、人類、神、霊魂、救、真理と云ふ様な大問題をもつて訪問する者は殆んどない。其点に於ては朝鮮人の方が日本人よりも遥《はるか》に上である。日本に於ては、今や青年の問題と云へば恋愛問題、大人の問題と云へば事業問題、実は金儲け問題である。そして是れ皆な忠君愛国道徳を以て教育され来りし国民の状態であると知つて怪訝《けげん》に堪《た》へない」と綴られている。『内村鑑三全集』第三四巻、一三七頁。

(58)高崎宗司「内村鑑三と朝鮮」『思想』六三九、一九七七年九月、八七頁。

第四章　帝国主義と社会政策

はじめに

「盛なる哉所謂帝国主義の流行や、勢ひ燎原の火の如く然り。世界萬邦皆な其膝下《しっか》に慴伏《しょうふく》し、之を賛美し崇拝し奉持せざるなし」(1)と、幸徳秋水が『廿世紀之怪物　帝国主義』（一九〇一年）の冒頭で述べたように、二十世紀初頭の国際情勢は、西欧諸国が独占資本主義経済段階に入り、商品や資本の輸出を保護するために、アフリカやアジアの弱小国家を侵略するという帝国主義の最盛期であった。生来の強い道義心から「正義と人道は最後の勝利者なり」と考える幸徳は、帝国主義の隆盛のなかで日本が取るべき方向として、「列国の猜忌《さいき》を恐るゝ勿《なか》れ、列国の排擠《はいせい》を恐るゝ勿れ、之を避くるは、阿諛に非ず、諂佞に非ず、無為無能に非ずして、唯だ一毫の私心を挾まざるを表明するに在り」(2)「嗚呼相喰む虎狼の如き外交場裡に、絶東の新興国が正義人道の一異彩を放ち来る、又快ならずや」(3)という道義外交を主張する。そして、その道義外交の具体的な展開として幸徳が思い描いていたのは、おそらくは、師・兆民がかつて説いた次のような姿であっただろう。

第十九世紀如何に未開なるも万国公法如何に無力なるも我儕《わがせい》三千余万の大男児《だいだんじ》が相ひ抱持して一体を成し仁に仗《よ》り義を執《と》り彼れ列国或は無礼を我に加ふるに於ては我儕三千余万の大男児が皆悉く一死《いっし》以て自ら潔《いさぎよ》ふするに決心し全国焦土と為るも辞せず、弾丸雨注するも避けず義と倶《とも》に生じ義と倶に斃《たお》れ瑣々《ささ》たる利益便宜の鄙情《ひじょう》を一点も胸中に存せざるに於ては彼れ列国の兇暴なるも何ぞ畏《おそ》るゝに足らん。第十九世紀の今日に於て亜細亜の一孤島に於て全国民討死《うちじに》と一決して一歩も退かざるの心を持して打失せざる時は一陣道徳の大風颯然《そうぜん》として西向し欧洲諸国の政界部面に堆積せる利己的汚穢《おわい》の雲霧を一掃して余り有るを得ん。(4)

道義を守るためには全国民討死もやむなしとの主張は、「大東亜戦争」期の「一億総玉砕」をも想起させる。自由民権運動の理論的指導者として知られる兆民の文章が、後年の軍国主義時代のスローガンと相通ずるところがあるのは興味深い。

我が国における倫理学の先駆者・中島力造は、すでに教育勅語発布の直前に、「他人ノ為ニ自分ノ人トナリヲ亡ス」自己犠牲の精神が「人位ハ神聖ナルモノナリ」という倫理学の一大原理を穢すとして、「自分ヲ真正ニ愛セザル者ハ他人ヲ真正ニ愛スル事ヲ知ラズ、自愛ヲ除キテ他愛ノ何物タルヲ知ル道ナシ、又自分ノ幸福ノ貴ムベキヲ知テ始メテ吾等他人ノ幸福ヲ貴ムベキヲ暁《さと》ルナリ」(5)と述べている。また、中島と同様、新島襄門下のクリスチャンである松尾音次郎は、日露戦争勃発直前に、道義と功利の調和をはかるべきことを主張した「道徳に対する新感想」と題する論文を執筆している。松尾は、そこで、「武士は食はねど高楊枝」という諺に象徴されるような「道徳を行ふと同時に利益を得ると云ふが如きは、全く在り得べからざるものなり」とする旧来の道徳観念を「一大誤謬」として否定し、「生きとし活ける人間」が日常の生活を営む上で「利益」は無視できぬとして、「人間が人間としての生存を全ふせんとするは誠に事理の当然にして、此当然を全ふするのが、道徳の本体である」と主張した(6)。

そして、その頃、帝国主義の脅威から我が国を守るという問題意識のもと、道義と功利の双方の観点から考察する思想・言論活動が試みられるようになったのである。

1 浮田和民の倫理的帝国主義

早稲田大学で教鞭を執るとともに、総合雑誌『太陽』の主幹を務めた浮田和民（一八六〇～一九四六）は、従来の西洋列強による「侵略的帝国主義」と異なる「倫理的帝国主義」こそ今後の日本が取りうる外交政策であると主張して注目を集めた。倫理と帝国主義という一見相反する概念を組み合わせたことが、今日においても、浮田思想の本質を捉えがたくさせ、その評価が定まらない原因でもある(7)。

下級の熊本藩士の家に生まれた浮田が、大きく飛躍するきっかけになったのは、いわゆる「熊本バンド」の一員として、L・L・ジョーンズの熊本洋学校と新島襄の同志社英学校でキリスト教と西洋近代科学を身につけたことである。[8] 同志社卒業後は、大阪天満教会会頭に就任、キリスト教伝道者としてスタートを切るが、わずか一年で辞任する。後年、自身を「半宗教家」と称するように、生涯を通じてキリスト信仰に深入りすることはできなかった。[9] 彼の思考の中心にあったのは、生来の強い厭世観（一八七三年に父と母を一週間の間に亡くしたことが原因か）によって得られた、優勝劣敗・自然淘汰を説く進化論であった。

優勝劣敗天理矣《かな》とは加藤〔弘之〕先生が自叙して以て人権新説の題字となせし所にして是れダルウヰン氏が種類本原論に於て「繁殖せよ変化せよ最強者生き最弱者死せよ」と云ふ格言を以て生物学の新福音となせし所なり余輩は両氏が是の天理を適用したるの成功如何に就ては異同の説なきに非ずと雖も植物界動物界及び人間界に於て又た疑ふべからざるの事実にして且つ生物の進化と社会の進歩とを刺激するの原因なること固より余輩の疑を入れざる所なり。[10]

神の恩寵をその身で十分に感じることができていれば、内村のように、進化論の影響を受けながらも、神の摂理に基づき正義の支配が前進するというような独特の進歩史観を身につけることができたのかもしれないが、[11] 信仰体験の乏しい浮田にとっては、優勝劣敗・自然淘汰こそが「天理」「福音」であった。浮田もその影響を受けたと考えられる社会進化論者の加藤弘之は、前述したように、有機体を、「単細胞有機体」「複細胞的有機体」「複複細胞的有機体」の三段階に分け、最終段階の「複複細胞的有機体」の最も高等なものを国家であると主張する。浮田と加藤の社会進化論の相違を指摘する見方もあるが、[12]国家間における優勝劣敗の生存競争を「天理」と信じたという点では共通していた。それは、浮田や加藤に限ったことではなく、当時の多くの知識人に共通するものでもあった。

そして、そのキリスト教との関係もさることながら、今日、浮田の思想の本質を捉えがたくさせているのは、丁酉《ていゆう》倫理会の創立メンバーであったことである。丁酉倫理会は、忠君愛国主義を否定して人格主義による道徳の再建を目指して発足された我が国最初の倫理学研究会であるが、浮田は、その母体である「丁酉懇話会」第一回会合（一八九七年二月）に大西祝《はじめ》や姉崎正治らと参加している。そのため、大西らとともに人格主義者としても広く認知されている。代表的著書『倫理的帝国主義』においても、「人格の観念は自主独立の淵源正義及び勇気の根本である。政治も教育も此根本概念に立たずして真に成功し、又進歩発達することは期すべからざる事である[13]」「今日社会の理想として私の注目するものは、人格発展に外ならぬ[14]」と、人格の重要性を主張する。しかし、その人格の観念は、「倫理上人格はどうかと云ふと義務の主体である[15]」「人は天性国家的動物であると云ふことを認識せぬければならぬ[16]」と、個人人格の権威というより、国家発展のために多くの義務を果たすことのできる従属的な個人を強調するものであった。浮田は、『社会学講義』（一九〇一年）において国家以外の社会の存在を理論的に紹介するなど、我が国における多元的国家論の先駆的紹介者としても知られる。しかし、生存競争の単位としての国家にこだわり、国家競争に勝利するためには個人の権威の侵害もやむなしとさえ説いていたのである。

蓋し国家は、人間世界に於て最大最高の社会なるが故に、飽くまで自存自衛を以て、其の最大最高の道徳と為さゞる可からず。国家の上にある社会なければ、国家は他の社会の為に自から犠牲となるの義務なし。国家の上に国家あることなし。故に国家は衰頽亡滅《すいたいぼうめつ》するの外、決して自尽《じじん》することある可からず。勢力尽くるまでは、生存競争するを以て、其の天職と為さゞる可からず。而して国家を代表し、若くは国家を愛する者、亦た皆是の如くならざる可からず。然れども国家の内部に在りて、国家に従属す可き個人、若くは団体は、如何に高貴なる品位を有し、如何に尊重す可き歴史を有するにせよ、国家の大事の為には、速かに退譲《たいじょう》降服するの義務あるなり。(17)

また、浮田は、この頃、労働者保護法の制定を主張するなど社会政策に関する発言も積極的に行っているが、その背景には、労働者を「兵卒」と捉える、国家の生産政策的な視点が存在していた。

労働者は平日一国の富を製する実力である。一旦緩急ある時には労働者が兵隊となつて出るのである。即ち今日所謂華族とか貴族とか金持と云ふやうな人でなくして、矢張此職工場で働いて居る労働者、或は畠に鋤鍬を取つて居る百姓が剣を持つて国を守る所の武夫となるのである。だから一旦緩急ある時丈けに忠義を尽せ、国家の為に働けと云つて、平日は之を奴隷の如く、或は殆ど人間でないかの如く取扱ふと云ふやうな社会の状態では、将来国の為め健全なる状態を図ることは出来ぬ。労働者を保護することは今日軍隊を――兵卒を保護するのと同じことである。国の実力を養成する原動力を培養する所以であるから、是は政府も民間も力を合せて救はなければならぬものである。[18]

若き日に優勝劣敗や自然淘汰を「天則」「福音」と捉えた浮田には、帝国主義全盛期の国際情勢のなかでいかにして日本が生き延びられるかという課題が、最大の関心事であった。そうした関心に基づいて展開されたのが「倫理的帝国主義」という独特な主張であった。それは、経済上において自国の生産品を輸出するための大きな市場を獲得するとともに、国内の過剰人口を収容するための植民地を持ち、政治上においては、西洋列強と協同して世界の問題に関する発言権を有し、世界の文化という点においても大きく貢献するというものであり[19]、具体的には、「国際法上の合意に基き欧米諸国に向つて十分自国人民の権利を拡張し、又た亜細亜諸国の独立を扶植し、其の独立を扶植せんが為め亜細亜諸国の改革を誘導促進せしむる」[20]というものであった。しかし、それは、形式面で倫理的な政策を目指すものの、人道的な道義心から発したというより、「世界政策、帝国主義の競争に其一着を遅れた[21]」帝国主義の後発国家・日本が自国の膨張政策を進めるために必要な手段として考えられたものであった。

侵略的帝国主義は今日既に時勢に遅れて居る。斯ふ云ふ事をやる日には日本国民の膨張範囲が非常に狭くなつて仕舞ふのである。或は朝鮮位は取り得るかも知れない、若し又開戦論者の筆鋒で言へば満洲も取れるかも知れぬけれども、南洋へ手を拡げやうとすると侵略主義では門戸を塞《ふさ》がれるの外はない、年々五十万以上づゝも人口の増殖する日本をどうするか、（中略）到底朝鮮のみに日本の人口を入れる位では日本の将来はおつつかぬ。予の帝国主義は南北両亜米利加へどし〳〵蔓延《まんえん》し、又南洋濠太利亜等へ続々日本人を蔓延せしめなければならぬと云ふ主義である。それをやるには平和的倫理的にやらなければいけない。（中略）若し日本人が野蛮人であれば拒絶する理由があるが、日本人が野蛮人でない、不道徳の人類ではない以上は、国際法上亜米利加は拒絶することが出来ない。(22)

ここには、倫理・道徳を振りかざすことで国際的に優位に立とうとする功利的な思惑を見出すことができよう。

「倫理」と銘打っているものの、それが純粋な道義心から発したものでないことは明らかである。

また、浮田の道徳観を考察する上で、日露戦争中に丁酉倫理会で報告した「生存主義の道徳」（一九〇四年七月）は重要である。これは、一九〇四年六月十五日に玄界灘で陸軍輸送艦常陸丸が航行中のロシアウラジオストック艦隊の巡洋艦によって撃沈されたさい、輸送指揮官の須知源次郎中佐をはじめ多くの乗組員が、捕虜となることを潔しとせず自決した、いわゆる常陸丸事件を受けての講演である。マスコミがその「討死」を「名誉の戦死」「武士の花」などと日本固有の武士道と結びつけて称揚するなかで、浮田は、「態《わざ》と討死する必要はないのみならず個人的名誉の為に討死する、唯名誉の為に戦死する、と云ふことは余り賞すべきことではない。戦争は今度ばかりに限らぬ、出来るだけ身を全うして長く国家の為に尽さねばならぬ」[23]「人間の生命は仁義よりも道徳よりも価値あるものである」[24]と、武士道的な道義心よりも生命を尊重すべきことを主張した。同時期に「非戦主義者の無残なる戦死」を肯定した内村鑑三の戦死観とは対照的なものである。

時は下って満洲事変勃発時、内村門下の江原万里が「権益の擁護、生命線の死守、或は又赤化防止は以て神の前に義たらしめない」[25]と道義的観点から日本の軍事行動を批判したのに対して、浮田は、「満蒙は我が国民の生命線であつて、日本人は一歩もそこを立退く訳にはいかない」「個人としても、集団としても、自己保存は人間生活の普遍的法則である。吾人は生存の義務を以て倫理の大本としなければならぬ[26]」と、我が国の生存を第一とする立場から日本の満洲支配を容認した。まさに、「国家の生存の義務」を「倫理の大本」と解釈するところに浮田の倫理的帝国主義の特徴を見出せよう。「今日の場合実利を挙ぐるは正なり、実益を成すは即ち義なり。公共の為に一利を起す者は天下の仁人たるべく、公共の為に一益を為す者は以て社会の恩人たるべし、而して公共の為め大事業を興し大功益を為す者は天下の大人物たるを失はざるなり」[27]というように、帝国主義隆盛期に活躍した浮田は、功利を追求すること自体が道義に適っていると説いたのである。

2 「七博士」の対露強硬論と労働者保護論

国家学会において「帝国的社会主義」（一九〇三年十月）の演題で講演するなど浮田の倫理的帝国主義が多くの方面から注目され始めた一九〇三年、日本の世論は日露主戦論に向かって大きく傾いていった。その傾向に大きな影響を与えたのが、いわゆる七博士建白事件である。一九〇三年六月、東京帝大教授戸水寛人《ひろんど》・寺尾亨・小野塚喜平次・金井延《のぶる》・富井政章・高橋作衛《さくえ》および学習院教授中村進午の「七博士」は、日露関係が緊迫するなかで、「噫《ああ》我邦人は千歳《せんざい》の好機を失はゞ我邦の存立を危うすることを自覚せざるべからず[28]」という対露強硬策を求める意見書を政府に提出した。この「七博士」は、当時の日本を代表する社会科学者であり、代表的人物の戸水をはじめ、社会問題にも大きな関心を示し、我が国最初の社会科学の総合的学会である社会政策学会に参加する者もいた。一八九六年四月に、桑田熊蔵・山崎覚次郎・高野岩三郎・小野塚喜平次らの少壮気鋭の社会科学者によって設立された社会政策学会は、桑田・金井延・戸水寛人の執筆による「趣意書」に示されているように、自由放任主義と社会主義に反対し、資本主義経済制度を維持しながら、個人の活動と国家権力により社会の調和をはかることを目的とした研究団体であった。当初の研究テーマは、我が国最初の労働者保護法である工場法であった。一九〇三年三月、農商務省商工局は、工場法を成立させるために、工場労働者の過酷な労働状態を克明に描き出した官庁報告書である『職工事情』を印刷して各関係者に配布したが、当時、対露強硬論を主張する戸水らにとっても社会問題の解決は大きな課題であった。

戸水寛人（一八六一〜一九三五）は、ローマ法・民法の専門家であったが、帝国主義隆盛のなかで、国際情勢の変化に敏感に反応し、ナショナリストとしての立場を闡明にした発言を積極的に展開していく。浮田と同様、戸水の思考の根底には社会進化論が存在していた。戸水は、帝国主義を時代の趨勢としてやむをえないとし、今後、交通機関の発達により、一層、競争が激しくなり、アジア・太平洋地域も大きく巻き込まれることになると考えた。一九〇三年十一月、アメリカは、コロンビアから独立させたパナマとの間で条約を調印し、運河の開削権を獲得し、中断していた運河工事を再開させる。これに対して、戸水は、「今後ハ太平洋ガ欧米人及ビ亜細亜人ノ大競争場トナルノデス」[29]と、帝国主義の主戦場が大西洋から太平洋に移行することを予測する。さらに、年々凄まじい勢いで増加する日本の人口問題を解決するため、「日本人ガ鋭意熱心ニ帝国主義ノ実行ヲ計ラザル以上ハ是等ノ人口ヲ容レ可キ場所ガ無イ」[30]と考え、「何卒《なにとぞ》日本人ハ心ヲ海外ニ用ヒ、此ノ大競走場ニ立テ勝ヲ制シテ欲シイ、幸ニ日本国ハ太平洋ヲ支配スルノ位置ニ在リマスカラ、日本人ハ此ノ天然ノ位置ヲ利用シテ奮起努力シテ可ナリデス」[31]と、日本が帝国主義政策を積極的に採るべきことを主張する。そして、日本の帝国主義を具体的に実行する地として想定したのが、アジア大陸、なかんずく満洲と朝鮮であった。

日本人は帝国主義を実行するの必要がある、さうして又亜細亜大陸に日本殖民地を求むるの必要がある、さうして亜細亜大陸中でも朝鮮や満州は最移住に適当な場所としたならば日本人はあらゆる機会を利用して其二つの場所に於て日本の国力を発展するの道を考えなければならぬと思ふ、此点から考えて見ますといふと今日が国力の発展を謀るに最好い機会と思ふです、露西亜人は満州の野原に跋扈跳梁《ばっこちょうりょう》して、さうして露西亜の兵力は薄弱なのである、日本から見たならば是は実に乗すべきの機会と思ふです、此機会に乗じて兵を挙げて露西亜を討つたならば無論日本人の方が勝つのです、斯う言ひますといふと露西亜に贔屓《ひいき》する人間は是は無名の軍であると言つて悪口を言ひますけれ共是は決して無名の軍では無い、露西亜人の行動は明かに東洋の平和を破りつゝあるのでありますから日本人は東洋の平和を維持するといふことを以て名としてそれを討つた方が宜い、日本人が兵を挙げて露西亜を討ちましても堂々たる名義の無いといふことは決して無い、東洋の平和、是は誠に堂々たる名義であります。(32)

満洲と朝鮮を獲得する上でロシアとの対決は避けられない。しかも、ロシアは、北清事変にさいして満洲を占領し、事変以後も撤退せず、東洋平和の撹乱者として世界から疑われている。今この時こそ、日本は「東洋の平和を維持する」という道義をもってロシアと戦うことができるというのである。「日本人の方から言つたならば日本人に最便利な時に戦争しなければならぬと思ふ、誰が見ても今日が最戦争に便利な時でありま(33)す」というように、それは、イギリスをはじめとする列強からの協力を得られるだけでなく、国民からも理解を得られる。功利的な視点だけでなく、道義的正当性という点からも帝国主義競争や戦争を捉えるところに戸水の言論の特徴があった。

領土拡張をしなかつたならば、余つた人口を植付ける所もなし、甚だしきに至つては二十世紀以後の大勢に適することが出来なくて、亡びるであらうと思ふ。若しも亡びるとすれば是即ち祖先の守つて居つた所の国を失ふのである。即ち祖先に対して不孝である。若しも亡びるとすれば日本に君臨せられて居る所の　皇室が領土を失はれるのである。坐視してそれを待つのは是は　皇室に対して不忠である。詰り私の考では、今日にあつては侵略主義、領土拡張主義、敵国撲滅策、是等は皆必要なのであつて、（中略）他国を侵略しないのが非常な不道徳―不道徳の骨頂だと思ふのであります。(34)

こうした侵略主義こそ道徳であるという考え方が、後に日本の国策の基本理念になっていったとの立花隆による指摘(35)もあるように、ホンネとしての功利的目的を遂行する上でタテマエとしての道義的正当性を主張するという言論スタイルがこの頃、戸水らを中心に登場してきたことは事実であろう。

小野塚喜平次と入れ替わりに「七博士」に加わった建部遯吾(36)（一八七一～一九四五）は、国際競争が「軍事的競争」「経済的競争」「文明的競争」の順に進化してきたことを指摘し、「文明的競争の大眼目は即ち道徳の実質及形式の競争である」[37]「歴史上の教は国際競争上道徳ほど強いものはないといふことを明に我々に告ぐるものであります」[38]と主張する。建部は、国際競争の主眼が軍事や経済から道徳に移って行くことを指摘するが、「国家の独立は火夫が鳶口で梯子を立て、居る様なものとすればいづれ一方では立たぬ、其数多い鳶口の中で一番大事なのは道徳である」[39]というように、国際競争に勝つためのツールとしての道徳を主張した。

また、我が国における社会政策の先駆者としても知られる戸水は、次のように、「人道」の観点から労働問題の解決をはかるべきだと主張する。

> 日本ニ於テハ人道ノ守リ方ガマダ足リマセヌ。傭主ガ雇人ヲ虐待スル如キハ不都合千万デス。特ニ大キナ工場ニ於テ工女ヲ虐待スルガ如キハ甚ダ人道ニ反スルデス。何ウモ私ノ考デハ思ヒ遣《や》リト云フコトヲ大ニ発達サセナケレバナラヌ。惻隠《そくいん》ノ心ヲ大ニ発達サセナケレバナラヌ（中略）兎ニ角此ノ人道ヲ充分ニ守ル様ニセナケレバナラヌ。然ラサレバ充分ニ日本ノ社会ヲ改良シタトハ言ハレマセヌ。[40]

ここでの戸水の主張は、「人道」という語句を使用しているものの、純粋に労働者の生活を配慮する立場から発せられたものとは思えない。「日本社会の改良」、すなわち日本の帝国主義国家としての発展のために社会政策が急務の課題と位置づけられたのである。

「七博士」中唯一の経済学者であった金井延（一八六五～一九三三）も、「一体労働者を保護すると云ふことは必ずしも独り労働者のみを保護して労働者の方に偏するのではない、社会政策の趣意から言へば労働者を保護するのは単に労働者を保護するに止まらずして是によつて社会全体の調和を図るのである[41]」と述べている。つまり、戸水や金井が社会政策に関心を抱いたのは、純粋な労働者保護という人道主義的な視点というより、国際競争に勝利すべく国内を統一するという国家政策的な視点によるものであった。

しかし、「七博士」のうち小野塚喜平次（一八七一～一九四四）は、戸水や金井とは異なる視点から労働者保護を主張していた。

労働者の奮起を歓迎し、其人格を尊重し、資本家と雖も被雇人を眼下に見下さずして、平等の心持を以て之れに接すると言ふ事が、社会政策の一大要件かと私は考へるのであります、之を単簡に言表しますれば、人格尊重主義とでも申しましやうか、此主義を以て進むのでなければ、仮令労働問題の物質的方面貨財的方面に於て、労働者の満足を得る事があるとしても、其精神的方面に於て常に不平の念を絶たしむる事が出来ぬであらうと思ひます[42]。

「物質的方面貨財的方面に於て、労働者の満足を得る事があるとしても、其精神的方面に於て常に不平の念を絶たしむる事が出来ぬ」と主張するところに、労働者を一個の人格として見つめていることがわかる。こうした視点は「七博士」のなかでは異端であった。戸水も「其議論ト行動トニ付テ之ヲ言ハヾ所謂七博士中ニ在リテハ余ト小野塚博士トハ両極端ニ位スルモノナリ」(43)と指摘しているとおりである。やがて小野塚が「七博士」から離脱したこともさることながら、その門下のなかから、国家官僚として、労働組合を認める進歩的な労働政策を構想した南原繁と河合栄治郎(44)が輩出されたことは、特筆すべきことであろう。

　小野塚が「七博士」脱退後の一九〇三年十二月に出版した『政治学大綱　下巻』は、その半年前に出版した上巻と合わせて、「日本近代政治学の礎石」といわれる(45)小野塚の代表作である。ここで、小野塚は、帝国主義を世界の趨勢と捉え、「国家ハ外部ニ対シテ其領土、経済範囲、及ビ文化範囲ノ拡張ヲ企図セザル可ラズ」(46)とはいうものの、そうした膨張政策が必ずしも戦争を伴うものではなく、利益という点においても平和的解決が望ましいと主張する。

> 国家ノ膨張ノ語ヲ聞テ直ニ戦争ヲ聯想スルハ不可ナリ（中略）膨張政策ハ常ニ直ニ国際的抵触ヲ来スモノニアラズ、又抵触ハ必ラズシモ干戈《かんか》ニ訴ヘテ解決ヲ求ムベキモノニアラズ、抵触ハ成ル可ク之ヲ避ク可シ、何トナレバ抵触ハ他ニ利用シ得ベキ勢力ヲ軋轢《あつれき》ノ為ニ浪費スレバナリ、已ニ抵触アルモ其解決ハ原則トシテハ平和的ナルベシ、何トナレバ戦争ハ一ノ例外手段ニシテ戦争ノ結果ハ革命ノ結果ト類似スルモノナレバナリ、元来主戦論者ガ戦争ノ結果トシテ揚言スル有形無形ノ利益ハ概シテ平和的競争ニ依テ得可ラザルモノニアラズ、且ツ戦争ハ普通ニ

国際関係ヲ簡易ナラシメズシテ却テ其複雑ヲ増加スルヲ見ルベシ。(47)

右の「主戦論者」のなかに戸水ら「七博士」が含まれていることは確かであろう。建白書を提出した七人のうち、小野塚と富井政章を抜いた五人（戸水、中村進午、寺尾亨、高橋作衛、金井延）と新たなメンバーである建部遯吾は、一九〇三年十月、『日露開戦論纂』を出版、改めて、日露開戦の必要性を世間に向けて訴えた。特に、財政経済上の利益という観点から論述したのが、「七博士」中唯一の経済学者であった金井延であった。「国家民人の政治的経済的社会的各種の方面に向て発達する時期に於て戦争は往々免るべからざるもの」「戦争は実に其の他の国患と同じく一個人殊に発達の最も著しき幼少者に往々免るべからざる疾病《しっぺい》の如し」と考える金井は、日露戦の勝利によって、「満州並に北清全体に於ける我が通商貿易の利益」が十分得られると主張する。(48)それは、次のような極めて粗雑な観察に基づいたものであった。

満州並に北清地方の全体は文物開けず人口稀薄、民俗極めて質朴、政治上に於ても御し易《や》すく欧米の競争者も尚ほ誠に少なければ我が企業家に取りて成功容易なるの利益あり、満州並に北清地方の全体は実に朝鮮と共に本邦人の開発を待ち其の経済上に於ける潜勢力の培養地として存在するものにあらざるやの観あり、（中略）単に外国貿易に関する学理よりして観るも通商貿易の利益が文明国（又は文化の高き地方）に対するよりも未開国（又は未開地方）若くは半開国（又は半開地方）に対する方遥かに多きは動かすべからざるの原則にあらずや。[49]

こうした金井の主張に対して、後年、金井の評伝をまとめた女婿の河合栄治郎は、「七博士の中の唯一の経済学者としては、其の経済論は稍々《やや》粗雑であったと思う。譬《たと》え当時の一般の水準の低さを計算の中に含めても、之は七博士の声名を低めることにはなっても高めることにはならなかったのではないかと思う[50]」と酷評したが、河合の学問上の師である小野塚も、すでに、このことに気づいていたであろう。

当初、高橋作衛との交誼から「七博士」に加わった小野塚であるが[51]、戸水や金井らとは、そもそも国家観からして異なっていた。小野塚は、国家の目的を「原始的目的」と「終局的目的」とに分け、「原始的目的」が、外に対してはその独立を擁護し、国内においてはその秩序を保持するために必要な「(兵) 力の組織及び運用」と「法の組織及び運用」であるのに対して、「終局的目的」とは、「個人心身の発達」と「社会文化の進捗」であるという。そして、国家が「個人心身の発達」を目的とするのは、国家機関がこの目的のために行うすべての干渉を直ちに是認するという意味ではなく、各個人に潜伏する能力を十分に発達する環境を提供するという意味であることを主張する[52]。総合雑誌の人物評論で指摘されたように[53]、「国家の価値をその経済的領土的発展に置かずして、その文化的生活に置かんとし」たところに、小野塚の国家観の特異性を指摘することができる。こうした国家観の背景には、「如何ニ考フルモ国家最終ノ地盤ハ多数民衆ナリ、国家ノ運命ハ結局其掌中ニ帰ス」(54)という民主的な思想が存在しており、吉野作造や河合栄治郎をはじめとする門下に多大な影響を与えたのである。

おわりに

浮田和民や戸水寛人らの、功利追求のために道義を振りかざすという言論スタイルは、教育勅語発布以降、功利への反動が本格化し、道義の重要性が主張されるようになった思想的傾向とも符合するものでもあった。それは、封建道徳や儒学の影響を完全に脱することができず功利一辺倒になりきれない我が国民の心情を捉えるものがあった。そうした言論が、国民をして日露戦争へと駆り立てる上で大きな作用をなしたことは否定できないだろう。

浮田や戸水らは、進化論的な思考に基づいて、帝国主義競争をやむをえないものと捉えたが、小野塚喜平次は、「生物間ニ於ケル自然ノ法則ハ自然淘汰ナリ、人類ハ自ラ理想ヲ作リ是ニ従テ人為淘汰ヲ試ミ以テ自然淘汰ノ進行ニ影響ヲ与フ故ニ人類ノ進歩ト共ニ理想及ビ其手段ニ関スル観念変遷シ従テ人為淘汰ノ種類及ビ程度ニ於テ亦変動ヲ見ルナリ」(55)というように、他の生物とは異なり、人類には人為淘汰が試みられ自然淘汰に影響を与えることができると考えた。その特異な国家観からもわかるように、小野塚は、浮田や戸水と異なり、人間における無限の可能性や成長を信じていたのである。

浮田や戸水のような、ホンネとしての功利的目的を遂行する上でタテマエとしての道義的正当性を主張するという言論が、「大東亜戦争」に象徴されるように、その後の日本の国策の基本理念となっていたのに対して、小野塚をはじめ、その門下の吉野作造、南原繁、河合栄治郎らが、理想主義的な言論を展開して、日本の帝国主義・軍国主義に抵抗していった事実は銘記されるべきであろう。

(1) 『幸徳秋水全集』第三巻、明治文献、一九六八年、一一四頁。
(2) 「清国問題と土耳其問題」一九〇〇年七月、『幸徳秋水全集』第一巻、一九七〇年、三三〇頁。
(3) 同右、三三一頁。
(4) 中江兆民「外交論」一八八八年八月、『中江兆民全集』第一一巻、岩波書店、一九八四年、二三三〜二三四頁。
(5) 中島力造「利己主義ト利他主義」『哲学会雑誌』第四四号、一八九〇年十月、四四七頁。
(6) 松尾音次郎「道徳に対する新感想」一九〇四年二月、『六合雑誌』第二七八号、三二〜三八頁。
(7) たとえば、栄沢幸二は、浮田の倫理的帝国主義が「進化論的思考」に基づいて構築されたことを重視して「帝国主義イデオロギー」と定義付けている(『大正デモクラシー期の政治思想』研文社、一九八一年)が、武田清子は、浮田とレーニンの「帝国主義」の相違点を指摘し、「骨太の自由主義者、デモクラット」と評価している(『日本リベラリズムの稜線』岩波書店、一九八七年)。
(8) 浮田の生涯については、栄田卓弘『浮田和民物語』(日本評論社、二〇一五年)を参照。
(9) 浮田のキリスト教受容に関しては、姜克實『浮田和民の思想史的研究』(不二出版、二〇〇三年)「第二章　浮田和民の思想形成―熊本洋学校時代」を参照。
(10) 浮田和民「宗教上の優勝劣敗」『東京毎週新報』第八号、一八八三年十月、八頁。〔 〕内は引用者注。
(11) 本書第三章を参照。
(12) 前掲武田『日本リベラリズムの稜線』一五八〜一六一頁。

(13)浮田和民『倫理的帝国主義』隆文館、一九〇九年、五五六頁。
(14)同右、五九一頁。
(15)浮田和民「現今倫理界の二大急務」『丁酉倫理会講演』第二号、一九〇〇年六月、三三頁。
(16)同右、四六頁。
(17)浮田和民「帝国主義の理想」一九〇二年一月、『国民教育論』民友社、一九〇三年、二〇三～二〇四頁。
(18)浮田和民「労働問題の前途」一九〇七年九月、『倫理的帝国主義』五四一～五四二頁。
(19)浮田和民『倫理的帝国主義』八八四～八八五頁。
(20)浮田和民「日本の帝国主義」一九〇一年四月、『帝国主義と教育』民友社、一九〇一年、三六～三七頁。
(21)浮田和民「帝国主義の政策と道徳」一九〇五年五月、『倫理的帝国主義』一三一頁。
(22)浮田和民「帝国的社会主義」一九〇四年一月、『倫理的帝国主義』五一一～五一三頁。
(23)浮田和民「生存主義の道徳」一九〇四年七月、『倫理的帝国主義』九五頁。
(24)同右、一〇四頁。
(25)江原万里「千九百三十一年を送る」一九三一年十二月、『江原萬里全集』第三巻、岩波書店、一九七〇年、一一四頁。
(26)浮田和民『満洲国独立と国際聯盟』早稲田大学出版部、一九三二年、一二～一三頁。
(27)浮田和民「方今道徳界の要務」一八九七年六月、『倫理的帝国主義』三一頁。
(28)「東大七博士の意見書」『東京朝日新聞』一九〇三年六月二十四日付。
(29)戸水寛人『新国民』有斐閣書房、一九〇三年、九～一〇頁。
(30)同右、一六頁。
(31)同右、一〇頁。
(32)「法学博士　戸水寛人述」蔵原惟昶編刊『日露開戦論纂』一九〇三年、八～九頁。
(33)同右、一三頁。
(34)戸水寛人「侵略主義と道徳」『倫理界』第二号、一九〇一年三月、六頁。
(35)立花隆『天皇と東大　上』文藝春秋、二〇〇五年、二四八頁。
(36)一九〇三年十月発行の蔵原惟昶編刊『日露開戦論纂』では、富井政章と小野塚が抜け、代わりに、渡辺千春と建部が加わっている。小野塚と建部の見解の相違に関しては、春名展生「進化論と国際秩序—日露戦争から第一次大戦後に至る

思想史的素描」(酒井哲哉編『日本の外交』第三巻、岩波書店、二〇一三年)を参照。
(37) 建部遯吾「国際競争と道徳問題」一九〇三年四月、『静観余録』金尾金淵堂、一九〇七年、三四三頁。
(38) 同右、三四七頁。
(39) 同右。
(40) 前掲『新国民』二一一〜二一二頁。
(41) 「報告者　法学博士金井延君」社会政策学会編『工場法と労働問題』同文館、一九〇八年、二五〜二六頁。
(42) 「会員　法学博士　小野塚喜平次」前掲『工場法と労働問題』一一八〜一一九頁。
(43) 戸水寛人『回顧録』有斐閣書房、一九〇六年、三一〇頁。
(44) 南原と河合の労働政策構想に関しては、拙稿「新渡戸・内村門下の社会派官僚について」(『日本史研究』第四九五号、二〇〇三年十一月)を参照。
(45) 南原繁・蠟山政道・矢部貞治『小野塚喜平次　人と業績』岩波書店、一九六三年、八〇頁。
(46) 小野塚喜平次『政治学大綱　下巻』博文館、一九〇三年、一六四頁。
(47) 同右、一六九〜一七〇頁。
(48) 「法学博士　金井延述」前掲『日露開戦論纂』四四頁。
(49) 同右、五九〜六〇頁。
(50) 『明治思想史の一断面―金井延を中心として』一九四一年、『河合榮治郎全集』第八巻、社会思想社、一九六九年、二六三頁。
(51) 高橋作衛著刊『七博士意見書起草顛末』一九〇四年、四頁。
(52) 前掲『政治学大綱　下巻』四〇頁。
(53) XYZ「小野塚喜平次教授論」『経済往来』一九二七年十月号、五頁。
(54) 前掲『政治学大綱　下巻』一三八頁。
(55) 同右、六四頁。

第五章　牧口常三郎の人生地理学

はじめに

理想主義的社会主義を主張した河合栄治郎[1]は、その青年時代、少なくとも二度にわたり、牧口常三郎著『人生地理学』（一九〇三年）を読んでいる。最初は、東京府立第三中学校五年次、二度目は、第一高等学校三年次においてである。[2]河合は、東京府立三中の学内情報誌である『学友会雑誌』（第一一号、一九〇七年十二月）に掲載の論文「火山論」を執筆する上で、『人生地理学』から大きな学問的示唆を得たが、第一高等学校三年生の第一学期（一九一〇年九月から十二月にかけて）に再び眼を通している。一九一〇年の日記帳[3]の巻末「第一学期　購入書及読書目」に『人生地理学』の書名が記入されている。その前後の書名には、『倫理学』、『帝国主義論』、『ゲーテの詩研究』、『偉人ペリクレス』、『進化論講話』、『欺かざるの記』、『海上権力史論　四』、『樗牛全集』、『近世外交史　上巻』、『随想録』、『日本アルプス』、『南国記』などが記載されている。「日記」一九一〇年九月十三日条に読書の記載がある『帝国主義論』とは、おそらく、同年九月発行の大西猪之介著『帝国主義論』であろう。本書は、少壮の経済学者が史実や統計に基づいて、アメリカ、ロシア、ドイツ、イギリスの四ヶ国の帝国主義を詳細に論じたものであるが、マハン著、水交社訳『海上権力史論―仏国革命時代　下巻』（一九〇〇年）、林毅陸『欧州近世外交史　上巻』（一九〇九年）、竹越与三郎『南国記』（一九一〇年）と同様、国際情勢および日本の対外政策への関心から繙かれたと考えられる。その前月に韓国併合が行われたという事実も影響しているかもしれない。この時期に再び河合が『人生地理学』を繙いたのは、前回のような火山に対する興味からではなく、帝国主義に関心を寄せたことによるものであったと考えられる。

三十二歳の若き牧口常三郎[4]（一八七一～一九四四）が小学校で教鞭を執る合間に研究を重ねて完成させた『人生地理学』は、地理学＝自然地理学と捉えるのが常識であった当時、「地理学は地球の表面に一定の規律をなして分布する自然現象と人類生活現象（人生現象）との関係の系統的智識なり[5]」と捉え、地形、気候、風土などの自然的環境と、経済、政治、軍事、宗教、学問、芸術、教育などの「人間の生活」との関係を世界的スケールで総合的に考察した大作であった。冒頭の「例言」で「吾人観察の対象は常に現在の活社会にあるが故に、正当に解せんとせば勢ひ時事の問題に接触せざる能はず[6]」と述べているように、それは、単なる学術書ではなく、出版した一九〇三年当時の社会情勢への対応という時事的な面も有していた。『史学界』（第五巻第一一号、一九〇三年十一月）の書評で、「独り地理歴史担任の教育者及び受験者に向て必要なるのみならず、其他実業政治の方面に従事する人にとりても世界の大勢を考察するに就きて最も必要なり」と評された[7]とおりである。

1　世界―国家―郷土

二十世紀初頭、多くの知識人の頭を占めていたのが、「帝国主義」と呼ばれる激しい国際競争のなかでいかにして日本は生き残れるかという課題であった。しかし、そうした大勢に反発する形で、一部の青年知識層の間では、個人における内面の権威を強調する傾向が現れていた。それを象徴するのが、一九〇三年五月の第一高等学校一年生藤村操による日光華厳滝への投身自殺である。「悠々たる哉天壌、遼々たる哉古今、五尺の小軀を以て此大をはからむとす」という文章から始まる「巌頭の感」を投身直前に滝上の樹幹に刻んだ藤村の自殺は、哲学的煩悶による自殺とされ、五年間で四十件の後追い自殺があったように、多くの青年たちに大きな衝撃を与えた。(8) 藤村と同学の阿部次郎・安倍能成・魚住折蘆《せつろ》らは、『校友会雑誌』誌上で個人主義的思想を積極的に展開していくことになった。阿部次郎「理想冥捜《めいそう》の態度」(一九〇四年六月)は、「我に理想信仰を与ふるものは我自身也、我以外の歴史も社会も教権も凡て材料を呈出して我が選択するを待つの臣下に過ぎざる也、嗚呼廓寥《かくりょう》たる此の宇宙の間我が事を決すべきものは我一人のみ、父母も兄弟も朋友も我に理想信仰を供給すること能はず」(9)と、自己をあらゆる外部的抑圧から解き放ち、その内面的権威を確立すべきことを高らかに訴えたのである。

国家主義と個人主義の両極の間で揺れ動く時代思潮のなかで、牧口は『人生地理学』において、個人と、世界、国家、郷土という空間の関係を明確にしようとしたのである。物流を通じて自己が世界の人々と密接につながっている実態を次のように鮮やかに描き出す。

余が一児。生れて母乳を欠く、乃ち牛酪《ぎゅうらく》を以て之に代ふ。ときに屡次《るじ》邦製の粗品に懲《こ》り、医師に請うて漸く瑞西《スイス》牛酪を選定し得たり。是に於てか最早《もはや》ユラ山麓の牧童に感謝を払ふべきを知る。転じて其が一襲《いっしゅう》の綿衣を見る、忽《たちま》ち黎黒《れいこく》なる印度人が炎天の下に流汗を拭きつゝ栽培せる綿花を想起せしむ。野人微賤の一子女、呱々一声既に々々、命、世界に懸るにあらずや。（中略）斯の如くにして吾人は生命を世界に懸け、世界を我家となし、万国を吾人の活動区域となしつゝあることを知る。而してこは実に二十世紀の開明に際会したる吾人の為さゞらんとすとも殆んど得べからざる所にして、又た当に為すべき所のものなるを知る。然るを何等の痴漢ぞ、敢て自から其眼界を狭限し、徒らに古来の障壁に拘泥し、蝸牛角上の小闘に忙殺せられつゝあるや。[10]

遥か遠い異国の人々の表情までも見事に描き出す牧口の豊かな国際感覚がここでは発揮されている。本書の出版が一九〇三年十月という事実から推して、「蝸牛角上の小闘」が俄かに緊張していた日露関係を指していることは疑えない。しかし、牧口は、国家の存在を全否定する「汎愛虚妄の世界主義」に対しては強く否定する。激しい国際競争の現実をしっかり認識した上で、国家の必要性を次のように説く。

蒸気と電気との二大動力は、地球を距離に於て縮少し、時間に於て短減し、世界を打つて一丸となしたり。去《さ》れば往昔《おうせき》小規模に、各部落の間になされたる競争は、今や大仕掛《おおじか》ケの国際的競争となれり。是に於てか万国比隣、国と国、人種と人種、虎視眈々《こしたんたん》、苟《いやし》くも些《いささか》の罅隙《かげき》あらば、競ひて人の国を奪はんとし、之が為めには横暴残虐敢て憚《はばか》る所にあらず、以て所謂帝国主義の理想に適《かな》へりとなす。而して此間に於ける法律と道徳との制裁如何と顧みれば、人の物を盗むものは盗《とう》として罪せらるゝも、人の国を奪ふものは却つて強《きょう》として畏敬《いけい》せらるゝ時世にあらずや。此間に立ち外は以て列国の爪牙に防衛し、内は以て、個人の自由を認め、生命財産を保護し、吾人をして高枕安眠の生活を遂げしむるものは、夫れ唯自国あるのみ。(11)

西洋列強の帝国主義による侵略を防ぐとともに、個人の生活を保護するということに国家の目的を据えているのである。「国家のための個人」ではなく「個人のための国家」という視点は、浮田和民解説『ウィロビー氏国家哲学』やジオン・ダブリュ・バルジェス著・高田早苗訳『政治学』の影響によるものと考えられる。(12)『ウィロビー氏国家哲学』の「第六章　国家の目的」には、「国家は外部の侵犯を防禦し其の民族的生命を保持発達し其の内部の秩序を維持し以て人民の生命財産自由を保護し以て国家の永久的生存を為すに充分なる権力を有せざるべからず(13)」という文章がある。

一八九〇年代アメリカ社会の構造的変貌期に、国家の究極的な目的を人間の神格化に求める国家論がJ・W・バージェスやW・W・ウィロビーらの政治学者によって唱えられたが[14]、教育者として人間の成長の可能性を信じていた牧口は、こうした国家論を素直に受け容れることができたのであろう。国家の職能について、①「内憂に対する保護的活動」、②「外患に対する保護的活動」、③「個人の権利を保護すること」、④「国民の生活に対して其幸福の増進を図るの活動」の四点をあげる。[15]『人生地理学』発刊から二ヶ月後の一九〇三年十二月、小野塚喜平次は『政治学大綱　下巻』を世に出すが、そのなかで、「強制組織」である国家が個人にとって必要とされる理由を次のように述べる。

地球ノ表面ガ已《すで》ニ殆ド全然国家間ニ分割セラレテ強制組織ノ下ニアル現今ニ於テハ、移住スル個人ガ一個ノ領土ヲ離レ一政府ノ羈絆《きはん》ヲ脱スルハ普通ニ他国ノ領土ニ入リ他政府ノ羈絆ヲ蒙《こうむ》ルモノニシテ、無国家的社会又ハ無社会的新地方ニ於テ毫《ごう》モ強制ヲ受クルコトナクシテ生活センコトハ殆ド不能ト言ツテ可ナリ。故ニ個人ハ此境遇ニ適応シテ強制社会ノ一員トシテ自己ノ発達ヲ図ルノ外他ニ其途ナキナリ。更ニ転ジテ全然個人的眼光ヨリ観察スルモ、個人ハ其資性ヲ発達シ其人格ヲ進化セシムルノ義務ヲ自己ニ対シテ有スル者ナリ、孤立ノ個人ハ其完全ナル発達ヲ遂ゲ難ク、唯社会ノ一分子トシテ始メテ個人ノ充分ナル発展ヲ期シ得ベシ。而シテ社会ノ発達ニハ強制組織ヲ必要トシ[16]、

ここには、『人生地理学』における国家観との類似性が見られるが、小野塚も、W・W・ウィロビーやT・D・ウルジーといった「国家理性の神格化」を唱えたアメリカの政治学者の著書を参考にしていた[17]。小野塚は、それらの国家論の影響を素直に受けて、国家の究極的な目的を人間理性の完全な展開、すなわち「人格の進化」と受け取ったが、牧口は、その観念論的要素をそのまま受け容れず、「幸福の増進」と解釈し直した。後年、『創価教育学体系』第四巻（一九三四年）のなかで「幸福生活を創造せんとする被教育者の力を指導し、啓培するのが教師の本務である[18]」と述べているように、教育者および宗教家として、牧口が一貫して追求したのは自他共の「幸福」ということであった。そして、その「幸福」とは、次のように、「利」「善」「美」の価値を創造することであった。

> 教育の目的とする幸福の内容は要するに価値の創造獲得以外に出《い》でない。而してその所謂価値は人間の如何なるものでも等しく希望する所の目的で、そのまた内容、利、善、美なる方面の生活以外に出るものでないと断じ、それは従来自明の理として伝統されてゐる真、善、美の系列とは異別のもので、真又は真理は直ちに価値を有するものでなく、真理と価値とは全く別質のもので、真理と価値とが相対し利、善、美は価値概念の中に包括されて人生の目的たるものであれば、その三方面の創造を指導すると共に害、悪、醜なる三方面の反価値の生活を防禦することを指導することが、教育の要旨である[19]。

河合栄治郎は、師・小野塚喜平次の影響もあってか、国家の命令強制権を「国家の構成員の人格の成長の為にある」[20]と主張したが、その「人格」とは「真、善、美を調和し統一した主体」[21]であった。河合の理想主義・人格主義思想は、昭和の戦前・戦中期において旧制大学・高校生を中心とした青年インテリ層に大きな影響を与えたが、「大東亜戦争」期に、「肉体に執着して死を避けようとするものは、肉体を最高価値とするもので、人格を最高価値とするものではないから、若し理想主義の立場に立つならば、死を厭うことは許されない」[22]「ハワイ海戦やマレー沖海戦を始めとして、大東亜の戦争を戦う我らの勇士は、到る処に祖国の為に自己を犠牲としつつある。そこにあるべき自我のある自我への勝利があり、利己的自我の克服がある」[23]と、戦死や自己犠牲を美化する傾向があった。しかし、「幸福の増進」を目的とした牧口は、戦時下においても、「利害損得を無視した善悪は空虚であり、言ふべくして行はれない。実際の生活にできない種類又は程度の善悪は空虚の概念でしかあり得ない」「所謂『滅私奉公』は一生に一度しか行ひ得ない理想である。この非常道徳を銃後の生活に強行しようとするは無理である」[24]と自己犠牲を激しく否定することができたのである。

牧口は、新渡戸稲造や柳田国男らとともに「郷土会」で研究を進めるとともに、コア・カリキュラムとしての郷土科を提唱したことでも知られるが[25]、国家と個人との間の生活空間としての郷土を次のように重視する。

　吾人は三千三百万方里の世界に於て棲息するに先つて、二万七千方里の自国に於て棲息するものなるを覚ると等しく、二万七千方里の自国に於て衣食するの前に、数方里乃至数十方里の郷里に於て衣食しつゝあることを覚らざるべからず。斯くの如くなして、初めて吾人は数百乃至数千の一郷民たるが上に、五千万の一国民たり、而して尚ほ十五億万の一世界民たることを自覚するを得べし。即ち吾人は郷土を産褥として産れ且つ育ち、日本帝国を我家として住し世界万国を隣家として交はり、協同し競争し、和合し衝突し、以て此世を過しつゝあるものなることを自覚するを得べし。吾人は茲に至つて初めて自己の正当にして着実なる立脚地点の自覚に達するを得べく、従つて又、自己の正に務むべき職分を確定するを得べし。果して然らば此順序、此階段及其起発点としての郷土観察が、公平に世界を達観する上に於て、将た正当に各自生活の立脚地点を自覚する上に於て欠くべからざるは最早別言を要せざるべし。(26)

自己の立脚地としての郷土という視点は、後年、『教授の統合中心としての郷土科研究』(一九一二年)によって体系化されるにいたるが、教師生活のスタート地点ですでに意識していたようである。一八九二年六月中旬に、教育実習生として北海道尋常師範学校附属小学校の教壇に立った牧口が一番困惑したのは、「綴方《つづりかた》」すなわち作文指導であった。師範学校時代にほとんど作文指導を受けたことのない牧口は、「『創価教育学』の源泉」と後年称した、三段階に及ぶ独自の指導法を考案する。(27)

それは、まず、牧口が、学校から百五十メートルほどに位置する「新川」を題材に一文を作って生徒に示す、次に、三百メートルほど離れた「創成川」を題材として、牧口と生徒たちが共同で作文する、最後に、生徒が自らの力で、約一キロメートルの距離がある「豊平川」を題材に文章を作る、というものであった[28]。こうした身近なものから遠くのものへと理解させる教授法は、師範学校で学んだペスタロッチ主義の教授法やヘルバルト主義の類化論の影響を受けたものであった[29]ことは確かであるが、そもそも当時の文部省自体が、尋常小学校における地理・歴史教育において、そのような教授法を取り容れることを期待していた。

一八九〇年十月の小学校令改正を受けて出された「小学校教則大綱」（一八九一年十一月）には、「尋常小学校ノ教科ニ日本地理ヲ加フルトキハ郷土ノ地形方位等児童ノ日常目撃セル事物ニ就キテ端緒ヲ開キ漸ク進ミテ本邦ノ地形、気候、著名ノ都会、人民ノ生業等ノ概略ヲ授ケ更ニ地球ノ形状、水陸ノ別其他重要ニシテ児童ノ理会シ易キ事項ヲ知ラシムベシ[30]」とある。しかし、実際の教育現場では、文部省の教則どおりというわけにはいかなかったらしい。牧口と並ぶ郷土科教育の提唱者として知られる棚橋源太郎は、『尋常小学に於ける実科教授法』（一九〇三年）のなかで、全国の教員の多数が「毫も文部省の教則が要求せる所の学校の周囲、児童の住居せる郷土の自然及び人事等、日々児童の目撃し、接触せる事項を以て始むべきことに思ひ至らざりしが故に、児童は初めより、毫も真の郷土的地理郷土的歴史の教授によりて、準備せらるゝことな」い状態であると指摘している[31]。こうした状態を憂える棚橋は、日露戦争勃発直前という時期において、郷土科の意義を以下のように説いたのである。

郷土科教授は、実際亦能く郷土に関して、有する児童の思想界を出発点とし以て、其の過去の観念を矯正し、新に又豊富なる直観を与へて、実科諸文科に関する、基礎の観念を養ひ、以て其の後来の教授を容易に類化するに必要なる結合点を与へ同時に愛国心の基礎たるべき、愛郷土心を養成することを得べし、郷土科教授は、独り之れに止らず、児童をして其郷土の自然及び人事を観察し、或は考察せしむるに当りて、また能く其の観察を鋭敏にし、思考を精確にし、同時に智的及び、同情的諸方向の興味を喚起《かんき》し、且《かつ》其の観察研究に依りて達せしめたる結果を修述することに依りて、談話の能を修練せしむることを得べし。(32)

帝国主義の隆盛期において、多くの国民が抽象的な国家概念に振り回され、自己を見失いがちになるなかで、棚橋と同様に、牧口も郷土を見つめることの重要性を強く意識していたと考えられる。

2 「人道的競争」

一九〇三年当時の国際情勢については、牧口も「有限の世界に於て無限の繁殖をなす生物が、各々其生命を維持せんとするには直接か間接かに於て競争するは免れ難き所」(33)と、生存競争をやむをえない事実と認める。しかし、その競争の形式が、人類の発展とともに「軍事的競争」「政治的競争」「経済的競争」「人道的競争」の四段階に変化していくと指摘する。(34) 前章で述べたように、生存競争の最高ないしは最終形式が道徳・倫理にあるというのは、浮田和民や建部遯吾がすでに指摘していたことであるが、牧口は彼らの主張から影響を受け、それを独自な方向へ発展させたと考えられる(35)。浮田や建部が、日本国家の独立という国家主義的な目的を実現するための最良の手段として道徳・倫理を位置づけたのに対して、牧口の「人道的競争」とは、山室信一が指摘するように(36)、相手を突き落として自分だけが勝ち誇るという意味ではなく、自他ともに向上していくという「共走」と呼ぶにふさわしいものであった。

人道的競争形式とは如何。従来武力或は権力を以て其領土を拡張し、成るべく多くの人類を其意力の下に服従せしめ、或は実力を以て其外形は異なるとも、実は武力若くは権力を以てしたると同様の事をなしたるを、無形の勢力を以て自然に薫化するにあり。即ち威服の代はりに心服をなさしむるにあり。自己主義に其領土を拡張し、他国を征服せずとも風を臨み、徳に懐《な》づき、自《おのずか》ら来る所の仁義の方法これなり。人道にかなふこと是れなり。是を以て現在の国際間に臨まんことは頗《すこぶ》る突飛《とっぴ》なるが如しと雖も、個人間の生存競争に於ては既に々に認められし所なれば、国際間に於ても亦た適用せられざるの理なし。（中略）要は其目的を利己主義にのみ置かずして、自己と共に他の生活をも保護し、増進せしめんとするにあり。反言すれば他の為めにし、他を益しつゝ、自己も益する方法を選ぶにあり。共同生活を意識的に行ふにあり(37)。

「自己を空《くう》にせよといふことは嘘である。自分もみんなも共に幸福にならうといふのが本当である」[38]というように、自他ともの幸福の増進こそ教育者および宗教家としての牧口がその生涯において追求したものであるが、その場合の「他」とは、日本国の枠を越えて国際社会にまで及んでいたのである。こうした人道主義的な考えは、『人生地理学』「第三十章　生存競争地論」の末尾に参考要書としてあげている、ポール・ラインシュ著・高田早苗訳『帝国主義論』（一九〇一年）から大きな影響を受けたものと考えられる[39]。ラインシュは、ウィルソン政権時に中国公使を務めたこともある、著名なアメリカの政治学者である。前述したとおり牧口はバージェスやウィロビーの国家観から影響を受けており、そのほか、社会観に関しては、アメリカの心理学的社会学者であるF・H・ギディングズやA・フェアバンクスの著書を大いに参考としていた[40]。

　このように牧口がアメリカの社会科学者の研究成果を多く取り入れていた理由の一つは、「将来の文明統合地は正に米国にありと言はざる能はず[41]」と、アメリカを文明の最先進国として見ていたからである。「米国に於て稍々《やや》其萌芽《ほうが》を含むと見るべき人道的方式[42]」と述べているように、アメリカにおいては、すでに将来の「人道的競争」の予兆があると見ていた。こうしたアメリカ観は、「米国は実に二千年間の文明諸国の希望なりき[43]」と説く内村鑑三『地理学考』からの影響と考えられる[44]。しかし、「欧の自由思想は英に於て最上の発育に達せり、而して新自由国の憲法は英の自由を以てすら尚ほ不満なりし清教徒の草案より成れり、北米合衆国の憲法は欧の枠の枠なりと言はざるを得ず[45]」というように、内村が思想や政治の最先進国としてアメリカを位置づけていたのに対して、牧口は、経済・産業の最先進国としても捉えていたのである。アメリカが原料品と原動力の二つの要素を備えている「最優の製造業発達地」であるとし、農業国から工業国に発展して、ヨーロッパの産業界に大恐慌を引き起こしたと指摘する。[46] そして、「一つの島国」であるアメリカは、複雑な地勢のため多くの小国に分裂しているヨーロッパと比較し、小国が免れることのできない内部の紛雑がないため傾注すべき軍備の費用を要しないので、「大トラスト」の勃興に象徴されるように、資本を集中して経済活動に専念できる利点を有するという。[47]

牧口は、アメリカの経済・産業の発展をその人道主義的な思想や政治を支えるものとして重視していたのである。幼少期に新潟柏崎荒浜の「一寒民」[48] として困窮した生活を強いられ、小学校教師となってからは北海道の貧しい生徒たちの悲哀と日々接するなかで、牧口は、衣食住が人間生活に不可欠なものであり、それが解決されてこそ文化・精神活動も成立すると考えたのである。

> 倉廩満ちて栄辱を知り、衣食足りて礼節を知る」（管子）とは能く実業的活動と自余の社会的活動との関係を言ひ表はしたる語なり。人間が此世《このよ》に生存するに当りては衣食住の根拠を離れて何等の活動をも為すこと能はず。吾人が知能的、道徳的及び宗教的等の高尚なる精神活動をなし得るは、唯々《ただただ》欠亡の窘迫《きんぱく》、飢餓、恐怖に対して保護せらるゝの安心ある時にあるのみ。是故に他の社会的活動の性質及び其発達の程度は此活動の進否によりて決定せらる。経済的活動は社会の真正なる基礎なりと謂ふを得べし。若しも社会、国家が此基礎的経済的活動（或は機

関）を等閑《とうかん》に附《ふ》して政治、軍備、教育等の機関の拡張を図らんか、唯々破産あるのみ。近来我《わが》邦《くに》の社会が実力養成に其意を注ぐに至りたるは即ち此関係を自覚したるなり。実に社会国家に於ける一切の政策は悉く富国政策の基礎の上に置かれざるべからず。然れども独り実業機関のみの発達によりて社会は発達し得べからざるは論を俟《また》ざる所なり。(49)

将来出現するであろう「人道的競争」に参加するため、先ず日本はアメリカのように経済・産業を発展させる必要がある。原料品を輸入しこれを精製して輸出するという商工業立国としての政策が国際競争に勝利するものと従来は考えられてきたが、「原料の産出国にして且つ製造国」であるアメリカやロシアという後進工業国の台頭により、先発工業国である西欧諸国は大きな経済的打撃を受けている。そうした世界の大勢を踏まえ、国内の地勢をしっかり認識し、商工業だけでなく「原始的産業」（農業）にも力を入れて、各種の産業を多方面にわたって展開すべきことを、今後の政策課題として呈示するのである。(50) そして、経済的に発展した日本が、これまでの帝国主義の覇者であるイギリス、新興国であるアメリカとともに、「人道的競争」を展開して、世界平和に貢献していくというのが、牧口が想い描いた日本の将来像であった。

将来の世界の平和は恰かも大なる「小」字形に排列せらる、日米英の三国によりて維持せられ、依て人道的競争形式に基きて生ずべき文明は発達せらるべきものなるなからんか。兎も角も吾人は茲に至りて将来の文明に於ける日本の位置の多望なるを認めざる能はず。不知、四千五百万の大和民族は果してよく此天与の地位を利導し得べしや否や。[51]

第一次世界大戦後、国際情勢が帝国主義から国際協調主義に変化しつつあるなかで、「大正デモクラシー」のオピニオンリーダーである吉野作造や石橋湛山は、日本の中国・朝鮮政策を批判したり、植民地放棄論を唱えたりするなど、道義国家としての日本に期待を寄せることになる。帝国主義最盛期の一九〇三年という時点で、世界平和を視野に日本の人道的役割を期待した牧口の炯眼には驚かされる。

さらに、牧口はそうした道義国家を担うべき理想的な人間像もすでに思い描いていたのである。『人生地理学』の「第二十四章　社会の分業生活地論」「第七節　社会の階級」のなかで、牧口は、「実業社会」「政治社会」「宗教社会」「美術社会」「学術社会」「教育社会」などの分業社会における「優勝級」「独立級」「劣等級」といった三つの階級を設定する。たとえば、実業社会における「優勝級」「独立級」「劣等級」は、それぞれ「富裕資本家」「通常産者」「有職貧者及び労働者」、政治社会においては、それぞれ「高級の官吏政党の領袖」「中級の官吏及び之と同格者」「下級の官公吏及び之と同格者」となる。そして、すべての分業社会の「優勝級」の上位に、「全社会の優勝級」という階級を置く。これは「社会の全躰に着眼し貢献する富貴者及び其位置に安ずる鴻徳の貧者[52]」であるとし、特に、後者の「鴻徳の貧者」に注目して次のような説明を行うのである。

其赤貧者は貧に安んじ貧を厭はず、又た富貴を羨《うらや》まず従つて富貴者たらんとも欲せず。何れにしても劇甚《げきじん》なる生存競争に逢ひ、失敗又た失敗、而《し》かも之が為に毫も其元気沮喪《そそう》するなく其益々勇気を増し、遂に最終の勝利を得て、然るものなり。天下後世の所謂英雄豪傑として崇拝せらる偉人は多く之に属せり。[53]

現実の激しい競争社会のなかで経済的な苦難を強いられても決して怯まず果敢に社会全体への貢献を試みようとする人間こそ牧口の理想とするものであった。牧口は自らがそうした理想的な人間になるべく努力するとともに、教育者としてそうした人材を育成することも目指したのである。ここに、後年、数々の迫害にも屈せず国主諫暁や布教活動を貫いた日蓮の生涯と教義に引き付けられる要因の一つがあったと考えられる。

3 昭和恐慌にさいして

『人生地理学』と並ぶ牧口の代表的著書『創価教育学体系』は、長年の小学校校長としての経験を生かしながら既存の教育学を批判し、「人生の目的たる価値を創造し得る人材を養成する方法の知識体系[54]」である「創価教育学」という全く新たな教育学理論を主張したものである。しかし、新渡戸稲造が「是は独り従来の実際社会と没交渉であつた行詰れる教育の改造の第一歩であるばかりでなく、実に教育改造を楔機とせる行詰れる現代社会の革新に甚大なる寄与をなすものである事を信じて疑はないものである」と評価したように、単に教育上の改革を目指しただけでなく、当時の行き詰まった社会情勢をも変革しようとする強い意志を含んでいた。(55)

折しも、『創価教育学体系』第一巻が刊行された一九三〇年、浜口雄幸民政党内閣が一月に断行した金輸出解禁により、前年ニューヨーク株式市場の大暴落に端を発した世界恐慌の煽りをまともに受け、日本は未曾有の経済不況に見舞われた（昭和恐慌）。農村では農産物価格の暴落が相次ぎ、娘の身売りや欠食児童が続出し、都市部でも失業者が増大し、大学生の就職難は一層深刻なものとなった。こうした経済不況に対応する形で、階級闘争理論が人口に膾炙し、労働争議や小作争議が全国各地で激化、日本共産党も急進化していった。また、不況への有効な打開策を見出せないまま、軍部の反対を押し切りロンドン海軍軍縮条約を調印した浜口内閣に対して、軍部や右翼勢力が大きく反撥、十一月には右翼青年によって浜口首相が狙撃されるという事件まで発生した。そして、こうした生存競争の激化に逡巡もしくは脱落した者は、カフェー通いやスポーツ観戦に夢中になるなど「エロ・グロ・ナンセンス」と呼ばれる頽廃的な文化に身を浸るという状況であった。

こうした騒然たる社会情勢のなかで、牧口は、「真の幸福は、社会の一員として公衆と苦楽を共にするのでなければ得る能ざるものであり、真の幸福の概念の中には、どうしても円満なる社会生活といふことが欠くべからざる要素をなすことが容易に承認されよう」と主張する。そして、深刻な経済不況下での生存競争を勝ち抜くために、多くの者が金銭的向上を求めるなかにあって、「幸福」(56)

と「財産」という観念を強く切り離すことを説く。

真の幸福なる意義を闡明《せんめい》するには、財産との関係を詮議する事が緊要である。通俗にこれほど混同されて居て有害なるものはない。「遺産は相続することが出来るが、幸福は相続する事は出来ぬ」といふアルフレット・ノベル氏の格言は、幸福と財産との不一致を喝破して余蘊《ようん》ないもので、余の一生中にこれ程力強き適切なる教訓を、言語の上で受けた事がないことを断言して憚《はばか》らないのである。貧富隔絶、階級争闘の世界的風潮に立ち到つた現今の如きは有史以来曾てないことで、世の識者といふ識者は、此の滔々《とうとう》たる世界の大勢を如何ともすることが出来ずに、吾も人も周章狼狽徒《しゅうしょうろうばいいたず》らに拱手傍観《きょうしゅぼうかん》して世の成り行きに一任してゐるに過ぎない。余は此の時に当つて、資本階級にも、労働階級にも、此のノベル氏の教訓程適切な教訓はないと信ずる。其れと共に一度想ひを此処に致せば、憎み合ふ闘争の地獄世界、殺し合ふ悲惨な修羅の世界を現出する前に、必ずより良き社会改良の手法、手段が発見せられ、人生の真の幸福に万人が親しみ得ることを確信するものである。(57)

牧口によれば、階級闘争を激化させ思想を険悪にさせているものこそ、因習的に「人類の痼疾《こしっ》」となっている「財産と幸福との一致といふ妄想」であり、その批判の鉾先は、その妄想を促進させている「無制限なる私有財産制度」に向かう。(58)「財産の無制限なる私有が今の社会の最大なる弱点であり、少くとも、その重大なる一である」と指摘し、その変革について、「これが促進に就《つい》ては外部からは政策上にその改革をなす事であり、内部からは或る必要程度以上の私有財産は結局無価値であるといふ事を理解させるのにある」[59]と主張する。

そして、牧口が理想とするのは、宗教家や「真正の教育家」のような「財産はないが、無限の欣《きん》悦《えつ》に浸り、無限の英気に培《つちか》はれ、依つて以て安心立命し、虚心純潔にして小児の如き天真無限の幸福を感ずる」[60]という生活であり、「公生活即ち社会生活を意識せしめ、之に順応して自他共に、個人と全体との、共存共栄を為し得る人格に引き上げんとするのが教育である」[61]と説く。

かつて牧口は、日露戦争前後、山根吾一をはじめとする平民社系の社会主義者たちと交流していた時期があった[62]。しかし、現社会を破壊することに躍起となって破壊後の建設案を持ち合わせていない社会主義者たちとの間に意見の相違を見出し袂を分かった。それ以後、「破壊的運動のみによらずとも、建設的穏健手段により、資産階級の理解に訴へて、改革可能の時期が来ぬことはなからう。然らば之《これ》こそ教育者として相応《ふさわ》しい途であらう」と考え、「国体問題に触れない範囲に於ける社会改良運動」を目指した[63]。牧口が、既成の社会主義者たちと共闘することができなかったのは、その究極的な目的が、社会制度の変革でなく、人間の意識変革にあったからである。

「人間には物質を創造する力はない。吾々が創造し得るものは価値のみである。所謂価値ある人格とは価値創造力の豊かなるものを意味する。この人格の価値を高めんとするのが教育の目的で、此の目的を達成する適当な手段を闡明《せんめい》せんとするのが創価教育学の期する所である」[64]というように、牧口が目指したのは人格の価値の向上であった。それは、新カント派の「真・善・美」の価値体系を参考にしたものではあるが、「真理は創造する事は出来ない。たゞ自然にあるがまゝを吾々が見出すに留まつたものである」[65]として、「真」（真理的価値）を外し、新たに経済的価値である「利的価値」を加え、「利・善・美」を価値とする独特な価値体系であった。山室信一は、儒教的発想により「義」を重んじて「利」を避けてきた日本の思想や倫理に対抗して、あえて「利」を打ち出した牧口の試みを重視する。人間が生活していくなかで生活の糧となる「利」を無視することはできない筈であり、厳然たる現実から目を逸らすことのなかった牧口の学問・思想の特徴を示していると指摘する。[66]このように「利」の価値を強く打ち出すことのできた背景に、私利私欲を完全否定しない日蓮仏教の影響があったことは疑えない。日蓮は、「欲をもはなれずして仏になり候ける道の候けるぞ」[67]というように、欲望を離れなくとも仏になれる道を示し、「まことのみちは世間の事法にて候」[68]「御みやづかいを法華経とをぼしめせ」[69]と、経済活動を含めた世法をそのまま仏法の真理として捉えて、現実社会で奮闘することを説いている。[70]

一九二八年に日蓮正宗の信者であった三谷素啓を介して日蓮仏教と出会った牧口は、「吾々の日常生活の基礎をなす科学、哲学の原理にして何等の矛盾がないこと、今まで教はつた宗教道徳とは全く異るに驚き、心が動き初めた矢先き、生活上に不思議なる現象が数種現はれ、それが悉《ことごと》く法華経の文証《もんしょう》に合致してゐるのに驚嘆の外なかつた」[71]という体験を経て、以降、日蓮正宗の在家信徒として信仰活動に踏み切ることとなった。牧口は日蓮仏教を信仰するなかで、「創価教育学の思想体系の根底が、法華経の肝心にある」「日本のみならず世界に向つてその法によらざれば真の教育改良は不可能である」[72]と確信するようになっていった。激しい生存競争のなかで「円満なる社会生活」を構築することを目指し、それを教育改良によって実現しようとしてきた牧口であったが、科学的哲学的に矛盾がないと思われる日蓮仏教への確信を深めるなかで、この信仰こそがあらゆる人のなかに「信」を確立させ、真の共生社会を実現できると考えるようになったのである。

自他共に各が、自身に対し、はた他人に対し、一定不変の信を確立することができ、これでこそ自他共に安心して仕事を共にし、少くとも予定目的の達成まで結合して離れる心配が起らぬといふ方法が講ぜられるならば、それこそ暗闘明闘の生存競争に生活力の大部分を徒消《としょう》するに困憊《こんぱい》しつゝある現世に於て万人の渇望する所でないか。いふ勿《なか》れ、たとへ容易ならぬ希望とはいへ、この世に於て全く実現のできない空想に過ぎないと。[73]

牧口は、昭和恐慌という未曾有の不況に見舞われ金銭的な向上ばかりを追求しがちな風潮のなかで、日蓮仏教の教理に基づいて理想的な価値体系を示し、その追求に人生の幸福ないしは最大目的があることを主張したのである。

おわりに

日中全面戦争勃発後、宗教団体法（一九三九年四月）が制定されて政府の宗教統制が強化されるなか、牧口は活動の主眼を教育改造から宗教革命へと移していく。弟子の戸田城外（のちの城聖）とともに設立した創価教育学会は、当初、牧口の創価教育学に共鳴した教育者の研究団体であったが、事実上の第一回総会が開催された一九三九年十二月頃から、教員だけでなく実業家などの一般人も参集し、教育よりも宗教活動を全面に打ち出していったのである。[74]

「滅私奉公」の全体主義が強いられる戦時体制下、牧口は、「自己を空《くう》にせよといふことは嘘である。自分もみんなも共に幸福にならうといふのが本当である」[75]「所謂『滅私奉公』は一生に一度しか行ひ得ない理想である。この非常道徳を銃後の生活に強行しようとするは無理である」[76]と強く反撥した。[77]牧口は、「生活の三階級」として、「一、近視眼的偏見の世界観に基づく個人主義的なる小善小悪の生活」「二、遠視眼的偏見の世界観に基づく反個人主義的（空全体主義的）なる中善大悪の生活」「三、正視眼的全見の世界観に基づく真全体主義的なる大善無悪生活」の三つの生活を指摘する。[78]第一の「小善生活」は、自己のことのみを考える個人主義的な「現在の平常の生活」で、「大した損害もないが、大した利益もない」[79]という。第二の「中善生活」は、当代における指導階級の「外には大善を装《よそお》うて内実は私慾をはかる個人主義を抜けきれない」生活で、それこそが「新体制が

『画龍点睛《がりょうてんせい》を欠く』といはれて、仲々《なかなか》理想通りに容易に結実し得ない所以《ゆえん》である[80]」という。第三の「大善生活」は、「自他共に共栄することによって初めて、完全円満なる幸福に達し得る真実なる全体主義の生活のこと[81]」で、歴史的には、和気清麻呂、菅原道真、楠木正成、徳川光圀など「大忠臣」と呼ばれるごくわずかな歴史的偉人が行ってきたものであるが、「大忠臣」のように法華経を信仰することで誰にでも可能であると主張する。そして、「大忠臣を真似《まね》よと言ひながら、法華経は信仰させてならぬ」という政府の方針に「梯子《はしご》なくして二階へ上れといふやうなものである[82]」と強く反対する。

先に『人生地理学』において、名聞名利を排して積極的に社会貢献する理想的な人間像を「全社会の優勝級」と位置づけた牧口は、日蓮仏教と出会うことで、その理想的な人間像を法華経信仰によって確立できると信じたのである。しかし、戦時体制下、日蓮仏教は、その根本的宗義である仏本神迹説や法主国従説が不敬であるとして、大きな統制が加えられていった[83]。牧口の晩年は、そうした統制への抵抗と、できるだけ多くの者を法華経に導くという熱心な布教活動に向けられていった。

内務省神社局から改組昇格した神祇院は、一九四一年八月、「神宮大麻の奉斎について」という意見書を発表し、各家庭に伊勢の皇大神宮の大麻（神札）を奉祀させるよう勧告したが[84]、これに対して、牧口は「いかに古来の伝統でも、出所の曖昧なる、実証の伴はざる観念論に従つて、貴重なる自他全体の生活を犠牲にすることは、絶対に誡《いま》しめられなければならぬ。これに就ては一番先づ神社問題が再検討されねばならない[85]」と批判し、会員には「謗法払い」として神札を焼却させ、神社への参拝も禁じた。また、「大善生活法実証座談会」と銘打った、一対一の対話を主とする座談会運動に力を入れ、四一年五月から四三年六月までの二年間で二百四十回以上の座談会を開催した。こうした座談会運動や熱心な折伏によって、創価教育学会は、四二年十一月時点で、東京に十六支部、地方に十二支部、会員四千名の陣容を擁していたという[86]。

こうした牧口の厳格な信仰とは対照的に、日蓮正宗総本山大石寺《たいせきじ》は国家権力に圧され、四三年六月、創価教育学会に対して神札受諾勧告を下した。牧口は、「一宗が滅びることではない、一国が滅びることを、嘆くのである。宗祖聖人のお悲しみを、恐れるのである。いまこそ、国家諫暁《かんぎょう》の時ではないか。なにを恐れているのか知らん」という決意に立ち、この勧告を断乎拒否した[87]。それからまもなく、牧口は滞在先の下田にて、治安維持法違反と不敬罪の容疑で逮捕された。

牧口は、逮捕後も抵抗姿勢を決して崩さなかった。特別高等警察の訊問では、「天皇陛下も凡夫」「天皇陛下も間違ひも無いではない」と「現人神」としての天皇の立場を否定するとともに、「教育勅語の中に、親に対しては『父母ニ孝ニ』と明示してありますが、陛下御自ら臣民に対して忠義を尽せと仰せられる事は、却而《かえって》 陛下の御徳を傷付けるもの」と、教育勅語に関する問題点も指摘した[88]。そして、当時、「聖戦」とされた戦争に対しても、「現在の日支事変や大東亜戦争等にしても其の原因は矢張り謗法国である処から起きて居ると思ひます[89]」と言い放ったのである。しかし、獄中での過酷な生活に老齢の身はついていくことができず、四四年十一月、東京拘置所にて七十三年の生涯を閉じたのである。

(1) 本書第七章を参照。
(2) 河合が『人生地理学』から与えられた影響については、拙稿「牧口常三郎と河合栄治郎」(『創価教育』第四号、二〇一一年三月)を参照。
(3) 河合浩子氏蔵、非公開。
(4) 牧口の生涯については、美坂房洋編『牧口常三郎』(聖教新聞社、一九七二年)、「創価教育の源流」編纂委員会『評伝 牧口常三郎』(第三文明社、二〇一七年)を参照。
(5) 『牧口常三郎全集』第二巻、第三文明社、一九九六年、四二七頁。
(6) 『牧口常三郎全集』第一巻、一九八三年、五頁。
(7) 塩原将行「牧口常三郎著『人生地理学』41の書評」『創価教育研究』第二号、二〇〇三年三月、二七一~二七二頁。
(8) 藤村の投身自殺が与えた影響については、平岩昭三『検証 藤村操——華厳の滝投身自殺事件』(不二出版、二〇〇三年)を参照。
(9) 『阿部次郎全集』第一二巻、角川書店、一九六二年、六一頁。
(10) 『牧口常三郎全集』第一巻、一三~一四頁。
(11) 同右、一四~一五頁。
(12) 両書は「第二十八章 国家地論」の章末の参考文献にあげられている。
(13) 浮田和民解説『ウィロビー国家哲学』東京専門学校出版部、一九〇一年、一五九頁。
(14) 中谷義和『草創期のアメリカ政治学』ミネルヴァ書房、二〇〇二年、二九頁。
(15) 『牧口常三郎全集』第二巻、三三七~三三八頁。
(16) 前掲『政治学大綱 下巻』二四~二五頁。
(17) 田口富久治『日本政治学史の源流——小野塚喜平次の政治学』未來社、一九八五年、三〇頁。
(18) 『牧口常三郎全集』第六巻、一九八三年、二四八頁。
(19) 「創価教育学体系梗概」一九三五年、『牧口常三郎全集』第八巻、一九八四年、三九四頁。

(20)「国家観に就いて」『河合榮治郎全集』第一三巻、社会思想社、一九六八年、三〇六頁。
(21)『学生に与う』一九四〇年、『河合榮治郎全集』第一四巻、一九六七年、五三頁。
(22)「教養と祖国愛」一九四二年二月、『河合榮治郎全集』第一九巻、一九六九年、二五四頁。
(23) 同右、二五八頁。
(24) 牧口常三郎「価値判定の標準」一九四二年二～三月、『牧口常三郎全集』第一〇巻、一九八七年、三四～三五頁。
(25) 牧口と郷土会の関係については、鶴見太郎『ある邂逅―柳田国男と牧口常三郎』(潮出版社、二〇〇二年)を参照。
(26)『牧口常三郎全集』第一巻、一五～一六頁。
(27) 牧口常三郎「四十五年前教生時代の追懐」一九三六年七月、『牧口常三郎全集』第七巻、一九八二年、四一一～四一二頁。
(28)「新川」「創成川」「豊平川」の位置関係に関しては、伊藤貴雄「牧口常三郎の教授法」(『創価教育』第三号、二〇一〇年三月)を参照。
(29) 同右、一九〇～一九五頁。
(30) 文部省編『学生八十年史』大蔵省印刷局、一九五四年、七八四頁。
(31) 棚橋源太郎『尋常小学に於ける実科教授法』金港堂、一二一頁。
(32) 同右、一〇八～一〇九頁。
(33)『牧口常三郎全集』第二巻、三九二頁。
(34) 同右、三九三頁。
(35) 牧口と建部の競争観の比較に関しては、塩原将行「牧口常三郎の生涯から七・六を考える」(『創価教育研究』第三号、二〇〇四年三月)を参照。
(36) 山室信一『アジアの思想史脈―空間思想学の試み』人文書院、二〇一七年、二一四頁。
(37)『牧口常三郎全集』第二巻、三九九頁。
(38)「目的観の確立」一九四一年七月、『牧口常三郎全集』第一〇巻、八頁。
(39) 前掲塩原「牧口常三郎の生涯から七・六を考える」、一五九頁。
(40)「第二十三章　社会」の参考要書として、ギッヂングス著・遠藤隆吉訳『社会学』(東京専門学校出版部、一九〇〇年)やフェアーバンクス著・十時弥訳『社会学』(博文館、一九〇〇年)があげられている。
(41)『牧口常三郎全集』第二巻、四一三頁。

(42) 同右、三九九頁。
(43) 『内村鑑三全集』第二巻、岩波書店、一九八〇年、四三九頁。
(44) 斎藤正二は、「若き牧口常三郎は、内村鑑三の『地人論』(『地理学考』)からは多大の(或る場合には、決定的とまで評したいほどの)学問的示唆を蒙っている」、「牧口の地理学的記述には、内村鑑三の『地人論』からの強い影響が見られるのである」と述べている。斎藤正二「『牧口常三郎全集』第一巻、補注」『牧口常三郎全集』第一巻、四三八頁。
(45) 『内村鑑三全集』第二巻、四三六頁。
(46) 『牧口常三郎全集』第二巻、二八三~二八四頁。
(47) 同右、四一三~四一四頁。
(48) 『牧口常三郎全集』第一巻、一二頁。
(49) 『牧口常三郎全集』第二巻、二一六~二一七頁。
(50) 同右、三三四~三三六頁。
(51) 同右、四一四頁。
(52) 『牧口常三郎全集』第二巻、二三四頁。
(53) 同右、二三六頁。
(54) 『創価教育学体系』第一巻、一九三〇年、『牧口常三郎全集』第五巻、一九八二年、一三頁。
(55) 新渡戸稲造「我が国将来の教育と創価教育学」一九三〇年十月、『牧口常三郎全集』第八巻、一九八四年、一一四頁。
(56) 前掲『創価教育学体系』第一巻、一三一頁。
(57) 同右、一三一~一三二頁。
(58) 同右、一三四頁。
(59) 同右、一三八頁。
(60) 同右、一三三頁。
(61) 同右、一四三頁。
(62) 牧口と山根の関係については、岡林伸夫『ある明治社会主義者の肖像―山根吾一覚書』(不二出版、二〇〇〇年)を参照。
(63) 『創価教育学体系』第三巻、『牧口常三郎全集』第六巻、一九八三年、二三頁。
(64) 『創価教育学体系』第一巻、『牧口常三郎全集』第五巻、一三頁。

(65)『創価教育学体系』第二巻、『牧口常三郎全集』第五巻、二二〇頁。
(66)山室信一「郷土を世界に拓く—牧口常三郎の空間学的視圏とその現代的意義」『創価教育』第四号、二〇一一年三月、二二六〜二二七頁。
(67)「四条金吾殿御返事」(所領書)弘安元年十月、立正大学日蓮教学研究所編『昭和定本日蓮聖人遺文』(改訂増補版)第二巻、身延山久遠寺、一九八八年、一五九四頁。
(68)「事理供養御書」建治二年、『昭和定本日蓮聖人遺文』(改訂増補版)第二巻、一二六三頁。
(69)「檀越某御返事」弘安元年四月、『昭和定本日蓮聖人遺文』(改訂増補版)第二巻、一四九三頁。
(70)日蓮の世法観については、松岡幹夫『仏教とお金』(柏艪社、二〇一七年)を参照。
(71)『創価教育学体系梗概』一九三五年、『牧口常三郎全集』第八巻、四〇五頁。
(72)同右、四一〇頁。
(73)同右、四一四〜四一五頁。
(74)前掲美坂編『牧口常三郎』一二五頁。
(75)「目的観の確立」『牧口常三郎全集』第一〇巻、八頁。
(76)「価値判定の標準」『牧口常三郎全集』第一〇巻、三五頁。
(77)松岡幹夫は、「牧口が『滅私奉公』を徹底的に批判したことは、戦争遂行に不可欠な国民道徳上の前提を転覆させようとしたわけであり、一種の道徳的な反戦運動だったと考えられなくもない」と述べている。松岡幹夫『日蓮仏教の社会思想的展開』東京大学出版会、二〇〇五年、二五〇頁。
(78)「新体制の理想たる大善生活法の意義と可能」『牧口常三郎全集』第一〇巻、一三五頁。
(79)同右、一三五頁。
(80)同右、一三六頁。
(81)「大善生活法即ち人間の平凡生活に」『牧口常三郎全集』第一〇巻、一四頁。
(82)「法華経の信者と行者と学者及び其研究法」『牧口常三郎全集』第一〇巻、一五七頁。
(83)戦時中の日蓮仏教への統制については、宮田幸一『牧口常三郎の宗教運動』(第三文明社、一九九三年)を参照。
(84)同右、二一五頁。
(85)「宗教改革造作なし」一九四一年十二月、『牧口常三郎全集』第一〇巻、二六頁。

(86) 前掲宮田書、一四六頁。
(87) 戸田城聖「創価学会の歴史と確信(上)」一九五一年七月、『戸田城聖全集』第三巻、聖教新聞社、一九八三年、一〇六〜一〇七頁。
(88)「創価教育学会々長牧口常三郎に対する訊問調書抜粋」一九四三年九月、『牧口常三郎全集』第一〇巻、二〇三頁。
(89) 同右、二〇一〜二〇二頁。

第六章　土田杏村の文化主義

はじめに

今日において「忘れられた思想家」である土田杏村（一八九一～一九三四）は、大正中期から昭和初期にかけて、毎月約六本のペースで論文を執筆、その評論・研究対象は哲学、文学、芸術、歴史、教育、政治、経済、宗教、生物学等学術的なものからジャーナリスティックなものにまで多岐にわたり、「論壇の寵児」と形容するにふさわしい活躍を展開した。(1)

清水真木は、そうした旺盛な活動にもかかわらず現代から忘れられた理由として、二十一世紀に生きる我々がジャーナリスティックな視点から展開された論題やその評論活動のキー概念である「文化」を理解するのに困難となっていることをあげている。(2) ここでは、それらの理由に加えて、理想と現実もしくは道義と功利を調和しようとする言論が、現代人に馴染みが薄く、魅了するものになりえないという点をあげてみたい。それは裏返せば、彼が活躍した当時の日本の論壇において、道義的価値観と功利的価値観の調和を試みる言論がある程度受け入れられていたことを示している。

一九一四年から三四年までの二十年間に、六十一点もの単著を出版した杏村の思想を振り返ることは、決して無意味ではないと考える。

1 「生活全部を統一する哲学」

少年時代にすでに学者になりたいとの明確な目標を抱いていた杏村（本名・茂《つとむ》）は、新潟師範学校在学中に哲学・思想への関心を高め、卒業後は、博物学の専攻を志して東京高等師範学校に進学する。それは、将来哲学を極める上で発生学の知識が必要と考えたからである。新潟師範学校に在学中、小学校の恩師に宛てた書翰には、「高師では博物を志願する心算です。これについてもよほど考へたのでありまして大いに理由を有して居るのであります。要するに人そのものの解釈から哲学にはいりたいのが小生の学に対する最終の目的です。それをなす以前に於いて発生学に殆ど身を委ねる考へです」とある。(3) 当時、その著作を通じて一般社会に大きな影響を与えていた博物学者に東京高等師範学校生物学科主任教授・丘浅次郎（一八六八～一九四四）がいた。我が国における進化論の受容は、一八七七年の東京大学でのモースの講義をもって嚆矢とするが、国民一般レベルにまで進化論を普及させることに与かって力があったのが、丘浅次郎著『進化論講話』であった。丘は、もともとホヤやヒルの研究を専門とする動物学者であったが、平易な文章を駆使することもあって、その著作は、小中学校教員だけでなく、多くの国民に愛読された。『進化論講話』は、日露戦争直前の一九〇四年一月に発行されたが、七年後の一九一一年には第十版に達し、明治・大正を通じて最も多くの読者を得た生物学書といわれる[4]。

丘の学説における最大の特徴として、その人間観を指摘することができる。次のように、人間を決して神聖視することなく、欲望に基づいて行動する獣類の一種と見なすのである。

人間には精神があるが、他の獣類には精神がないといふ如き説は、全く根の無いことで、之を基として論じた結論は総べて甚だしい誤でなければならぬ。若し人間に特別な精神があるものとしたならば、人間だけに其存在を認めなければならぬといふ特別の理由は毫もない。日々人間の為す所を見たり、新聞に出て来る記事を読みなどすれば、人間の行為も他の獣類の行為も、其原動力は大同小異で、其大部分は食欲と色欲とに基づくことが明である[5]。

自己の生命保存に汲々とする人間は、他の動物と同様、生存競争・自然淘汰の大原則から免れることはできない。地球で覇を唱えた種族は例外なく絶滅してきたという考えのもと、人類も絶滅の方向に向かっていると説く。人類の滅亡を大前提とし、それまでの限りある期間をいかに生きるべきかという流れで持論が展開されるのである。ダーウィンやスペンサーは生物の個体の生き残りを基本に種の進化を考えたが、丘は、その基本を軽視し、集団の生き残りの問題として捉えていった。そして、その集団の最高単位とは、次のように、人種あるいは国家であった。

人間の生存競争の有様を見るに、団体には大小種々の階級があるが、競争に於ける最高級の単位は人種といふ団体で、人種と人種との間には唯強いものが勝ち、弱いものが敗けるといふ外には何の規則もないから自分の属する人種が弱くなつては、他に如何に優れた点があつても種属維持の見込はない。（中略）今後は益々人種間の競争が劇しくなり、適するものは生存し、適せぬものは亡び失せて、終には僅少の人種のみが生き残つて地球を占領するに違ひない。（中略）今日の所で、後世まで子孫を遺す見込のあるものはヨーロッパを根拠地とする若干の人種とアジヤの東部に住んで居る若干の人種と僅に一組に過ぎぬ。されば如何なる種類の教育でも、常に此等の事実を忘れず、他の生物の存亡の有様に鑑み、進化論の説く所に従うて、専ら自己の属する人種の維持繁栄を計らねばならぬ。(6)

「アジヤの東部に住んで居る若干の人種」が日本人であることは容易に推測できる。このことは、純然たる動物学者であっても、日本国家の生存という課題に敏感に対応せざるをえなかった当時の社会事情を示している。『進化論講話』を発刊当時に読んで大きな影響を受けた北一輝が、処女作『国体論及び純正社会主義』（一九〇六年）のなかで、「現今の地理的に限定されたる社会、即ち国家を以て永久に生存競争の単位となし、今日の進化の途上に於て生ぜる人種の差を以て永劫まで相対抗すべき単位の競争者なるかの如く断ずるに至つては万有を静的に考ふる者として愈々以て進化論の思想と背馳す(7)」と、その進化論の矛盾を指摘しているのは正鵠を射ていたといえる。

杏村は、新潟師範学校在学中、東京高師で博物学を学んだ田代開市教諭から個人指導を受けており[8]、当初、丘の進化論に魅了されたのは当然のことであった。しかし、東京高師入学後、本格的に博物学を学ぶとともに、談話部（弁論部）の活動を通じて様々な知識や教養を得るに従い、丘の進化論に違和感を覚えるようになっていった。後年、杏村は丘の進化論を次のように批判している。

丘の学説における欠陥の根原は何処にあるかといふと、生物学的理論を人間の社会へ余りに広く拡充して適用したことにあると思ふ。（中略）人類社会の特殊事情は、丘が観察したよりもずつと複雑であり、それらの事情をすべて生物学的に説明することは困難である。例へば人類の社会の中には金融といふ現象があり、それは人間の社会を支配すること甚だ大きいけれども、その現象を生物学的法則により表現することは殆ど不可能であらう[9]。

杏村に複雑な人間社会を解明する上で大きな示唆を与えたのが、哲学者・田中王堂（一八六八〜一九三二）であった。当時、東京高等工業学校や早稲田大学で教鞭を執っていた王堂は、ジョン・デューイの流れを汲むプラグマティズム哲学の立場から、主著『書斎より街頭に』（一九一一年）のタイトルに象徴されるように、文芸や社会に関する多彩な評論活動を展開していた。ドイツの講壇哲学研究を主流とする日本の哲学界において、王堂の立場は極めて異端なものであったが、人間の本質を明らかにした上で社会をより良い方向へと導こうとする実践的な評論は、「文明批評」と呼ばれ、多くの青年・学生を魅了していた。後年、杏村は、王堂哲学の魅力について、「従来の哲学は、よしそれがどんなに広い範囲の現実を対象としてゐたにせよ、それは文芸や宗教やを取扱つた位であつて政治や経済やを取扱ふ事は殆ど皆無であり、これらの後者を、生活として芸術や宗教やと同じ重要さのものとは見て行かなかつた。然るに田中は、生活の全体を公平に解放し、それのすべての意義を容認したのである[10]」と述べている。

王堂をして、政治や経済に関する具体的な評論を可能にさせたのは、「欲望否定」でも「欲望統制」でもない「欲望統整」と呼ばれる独特な哲学を有していたからである。王堂は、人間生活において欲望をやむをえないものとして肯定する。「理想は欲望を排斥することに依らず、其れを尊重し、擁護しながら、其れを深化し、醇化して行くことに依つてのみ、始めて実現されるのである[11]」というように、理想と欲望を相反するものと捉えない、むしろ、理想実現のための重要な要素と見る。王堂によると、キリストや釈迦らが宗教的権威を有することができたのは、「ロオマンスの精神に依つて目的を造り、之れを実行する手段として実利の精神を用ゐるやうな行為を造り出すことの出来るものであつたからである[12]」ということになる。米国大統領セオドア・ローズヴェルトに対しても、その努力主義一辺倒の主張を批判し、「人間の生活が努力と享楽とを結合して始めて最も意味あり最も健全なるものとなると信ずる[13]」と主張する。

杏村は、こうした道義と功利を調和する哲学に現代人の苦悩を取り除くカギがあると考えたようである。一九一四年（月日不詳）の日記には、物質文明が進展するなかで人間の本然的な生命の要求が閉ざされ、他律的機械的に生きざるをえない現代人の悲哀が次のように描かれている。

路傍の人の如何に醜きかな。私は常に彼等の顔に於て余りに的確と表はされる人生の彫刻を見るや、愕然として自ら怖れる事がある。悲惨な現実の苦闘はどんなに彼等の面を彫刻し、彼等をして取りかへす事の出来ない陋醜を自らに帯ばしめた事であらうか。絶えず何物にか警戒し、絶えず何程かの緊張を意識し、休むことなく圧迫を感じ悲惨を味はつて居る為に、彼等の表情は兎の如くに怯懦に、蛇の如く奸佞になつて来たことも、近代人は最早見做れて了つた眼に何等の異常も気付かずに居る。（中略）眼まぐるしい現代物質文明の中に居て、私は決して其の醜い彫刻を受けたくない。要するに彼等は芸術に生きる事が出来ないのである。生活を其のまゝに芸術化する事が出来ないのである。[14]

杏村は、近代人における人間性の回復を目指し、現代社会を文化的芸術的なものに転回すべく「文明批評家」になることを決意する。文学、芸術、哲学、思想に関する多彩な評論活動を展開するようになり、一九一四年十一月には、王堂の斡旋によって、処女作『文明思潮と新哲学』を刊行するにいたった。杏村は、王堂哲学にならい、個人の内面的生活に沈潜することなく、社会的生活にも多大な関心を示し、「生活全部を統一する哲学」の構築を目指したのである。

こゝに我々は人間の社会的生活、別して現今の如き複雑なる社会的生活に於ては、その社会的結合をなすに芸術的の要素以外に甚だ強力なる要素を見逃す訳にはいかない。それは即ち功利である。功利は芸術と等しく強く社会に働いて居る要素である。過去に於て強力であつたのみならず、将来に於て益々強力なるべきものである。文明は即ち一個の経済的存在であつて、将来は個人の経済的生活は益々敏感的《エムピンドリッヒ》に相互接触することゝなり、複雑なる社会を乱調にならしめぬ様に保持して行くのは、たゞ功利にこれよるといふ状態になり至るであらう。我々はどうしても対社会の問題に於て功利といふことを考へぬ訳にはいかないのである。（中略）要するに私は、根本に生活全部を統一する哲学を要求して居る。然らざる限りは自己は決して安固なる地盤に生長して居るものでない。部分的には生きて居るが全体的には生きて居るといはれない。[15]

2　「文化」としての経済

第一次世界大戦後、同時代の理想主義哲学者である左右田喜一郎や桑木厳翼らが、ヴィンデルバンドやリッケルトをはじめとする新カント学派の影響を受けて「文化主義」を主張するなかで、杏村は、一九一九年自宅内に「日本文化学院」を設置して月刊雑誌『文化』を創刊、文化主義の旗印を掲げることになった。『文化』創刊号掲載の「日本文化学院綱領」（一九二〇年一月）には、「単に特殊文化科学の原理を応用して、この生きたる全人生の価値問題を決定せんとし、その背後に哲理より出でたる人生観の体系を欠く政治学者、経済学者、社会学者」とともに、「厳密学問としての哲学の素養を有するも、しかもなほ時勢批評の勇気と着眼とを欠き、文化批評家の言論に哲学上の謬想あるを指摘するに止まりて、漫然彼等を冷笑し去らんとする哲学者」を「二類の謬想者」と呼び、「幾分なりともこの両者の長所を併せ、弊処を砕き得ば、欣幸これに過ぎたるものなからんとす」との決意を披歴している[16]。新カント学派の説く文化価値の範囲が、「真」(真理的価値)、「善」(道徳的価値)、「美」(芸術的価値)の三点に止まっていたのに対して、杏村は、それに加えて「法律」「政治」「経済」等々の多様な価値が含まれると主張した。

真、善、美だけが価値であるならば、その他のものはすべてこの価値実現のための手段であるより外はない。併しこれは大なる誤まりである。価値の中にはなほこの他に政治、法律、経済等種々のものが含まれて居り、而してそれら諸価値は価値としては何等他の価値に隷属するものでなく、それ自身完全に論理的に独立し得る燦然たる光輝を持つてゐる。即ち、価値は論理的に甲乙の間に何等従属の関係なく、論理価値、美価値、政治価値、経済価値等すべて同等の意義を持つて並行の関係に置かれるより外はないのである。然らば経済活動は経済活動自身の中に於いて、恰かも他の論理活動、美活動等の中に於いて為せしと同様の程度の自律を為すべきである。即ち経済活動は、第一の唯物的見解の為す如く、自ら他活動をこれに隷属せしめるものでもなく、又第二の唯心的見解の為す如く、自ら他活動に隷属するものでもなく、学問活動、芸術活動等の意義を十分に認めつつ、しかもそれ自体の自律的意義を完全に認める必要がある。[17]

とりわけ杏村が問題視したのは、現代社会において経済活動が他の文化価値に従属化し、自己目的化されていないということであった。経済活動が真善美の文化価値を追求するために必要な貨幣を得るための単なる手段となり、「生産者は物質を出来るだけ高価に売つて自己の儲けを増し、消費者は出来るだけ安価に買つて自己の損失を減じ、両者互に其の生活を安定しなければならない」という「一つの畸形《きけい》的発達」を遂げてしまった。その結果、生産者においては「過剰労働」、消費者においては「粗悪なる衣食住」が一般化する。しかも、生産者と消費者は別々の人間ではなく同一個人であり、「労働量増加の条件によつて酷使せられる」とともに「衣食住安価の条件によつて恐喝せられる」ため、「現代人は悉く《ことごと》一種の憂鬱病の襲ふところとならざるを得ない」と指摘するのである。[18]

そして、「生産は生産自身に意義を見出して生産を超越し、消費は消費自身に意義を見出して消費を超越する」[19]という経済の自己目的化を実現するために、A・J・ペンティやG・D・H・コールをはじめとするギルド社会主義の経済理論を援用して賃金制度廃止論を主張する。賃金制度は、労働を商品と見なすことで成立する「現代文化人の持つ偉大なイドラ」であり、その廃止がかつての奴隷解放以上の歴史的意義を有し、その実現によって現代人の人生観は一変し、「自由の東明が其の時始めて全人類の上に輝き出でるであらう」とまで述べる。[20] 杏村は、賃金制度廃止のために、産業を国家や資本家の支配から放ち、労働者自体が産業を自治すべきであると主張する。それはまず、同一の労働者がそれぞれ産業別に「生産組合」を組織し、やがて、それらが結合して、すべての産業を含む「最も広汎なる範囲の生産組合」にまで発展させる。組合に属する労働者は、その生産技術の高下によって、職階に分かれ、それぞれに組合への発言権が異なる。その生産の原料品購買、生産品の種類選択、生産の技術等に関してはその組合の最高技術者の職階が決定すべきであるが、その組合員の進退、組合の政治的意見の決定等は、組合員全員の一般投票によって決定すべきであるという。[21] 組合員は、「労働への支払ひ」ではなく「労働者への機能保障」という名目で組合から報酬を得る。その報酬は全組合員に等額であり、仕事の結果によって差違は設けられない。ただ例外的に、専門技術の必要や発病等によって、他の組合員よりもより多くの支給を受ける組合員もいるという。[22]

他方で、消費活動は「消費組合」を基礎として実現されるべきだとする。「消費組合」は「生産組合」と比べて地域的に制限を受けたものであり、水道や電気等を扱う「合同使用会議」と、食料品や娯楽等を扱う「個別消費組合」の二種類に大別することができる。そして、「生産組合」と「消費組合」の双方から選出された委員を中心に「最高経済会議」を組織、物価の制定、貨幣政策の決定、銀行政策の運用等を議決して生産と消費のバランスをはかるべきだと主張するのである。[23]

このように、人間性の復権を抽象的に唱えるだけでなく、その実現に向けて具体的な政策を提示するところに杏村の評論・研究の魅力が存在していた。

3 「統制国民主義」

一九二三年頃から杏村の関心は、C・H・ダグラスの信用経済論に向かう。[24] ダグラス信用経済論は、その当時の日本ではほとんど注目されることはなかったが、近年、ベーシック・インカムの議論が盛んになるに伴い、その提唱者として再評価されつつある。[25] ダグラスの信用経済論の根幹をなすのは、「AプラスB定理」といわれる理論であるが、杏村の説明によると次のようになる。生産工場の支払いは、賃金、俸給、配当からなるA群と、原料品、銀行決済およびその他の支出からなるB群の二つに分けられる。物価とは、この支払いの全部を引き受けた額のことであるから、A＋Bが物価となり、個人の購買力はAである。ゆえに、個人の購買力の全額は物価の全額よりも上回ることができない。生産工場では商品を大量に生産しても、消費者の購買力では、その物価の全額を引き受けることが不可能であるから、商品は著しく堆積してしまう。そうした問題を除去するために工場は、第一にその過剰生産品を海外へ輸出する、第二に消費者の購買に直接関わらない工場の設備投資を行い、それを金融機関の発行する信用により決済するという処置を行う。その結果、第一に各産業国間で市場争奪戦が過熱化して戦争にまで発展する、第二に生産活動における銀行の力を増大させ、金融機関が生産を統制することになるという。[26]
戦後恐慌、震災恐慌、昭和恐慌と経済不況が相次ぐなかで、杏村は、ダグラス理論に基づいて、国民による経済統制、すなわち「統制国民主義」を主張する。

> 私の主張するところは、その国家社会主義ではなくて、国民的統制である。共同社会としての全国民生活の立場に立ち、金融を少数者の支配にゆだねることを廃して金融の国民化を断行し、その金融支配を通じて国家内の生産の方向分量等を自足自給的ならしめるやうに統制することである。私の立場は生産工程内に於ける社会階級ではなくて全国民であり、私の支配を欲する対象は、資本ではなくて金融である。（中略）私はかうした立場を統制国民主義と呼ばうと思ふ。現代日本改造の旗印は、国家社会主義や社会国民主義やまた単なる日本主義やファシズムやではなくて、統制国民主義でなければならない。[27]

ダグラスの信用経済論によると、現代経済においては、金融機関が生産を統制するようになったため、資本家と労働者の間よりも、「金貨階級」たる銀行（金融機関）と、「生産階級」である資本家および労働者の間の方が利害対立が大きくなる。労働者の資本家に対する階級闘争ではなく、生産階級による金貨階級の打破こそ社会改造の根本となる。そこで、杏村は、金融家の支配から金融機関を解き放ち、代わって、主要産業の各方面より選出した代表委員、消費者のなかから選んだ代表委員、国家官吏、金融の専門家から構成される「国民産業委員会」が統制するという「金融の国民化」を主張する。[28]「金融の国民化」を実現した上で、何を目指そうとしたのか。明治以降、日本は輸出立国としての経済政策を進めてきたが、これに対して、杏村は、第一に、生糸等の贅沢品の生産が日常必需品の生産を圧迫するため日常必需品の物価が上昇する、第二に、輸出先の国々の経済状況に左右されるため世界不況のあおりを受けてしまう、という理由から否定し、国内経済優先論への転換を主張する。

輸出生産を奨励して国を富まさうとする。これは自由商業時代の着眼であつたが、今はそれに修正が必要であります。着眼を外国においてはならない。国内の一般大衆の生活を厚うすることを、第一に考へなければならない。ここに我々は、徳川時代の封鎖経済の上へ考へを一旦もどすのです。一国の生産は、一国内の大衆の生活を目標とするものでなければならない。その生活とは、第一に衣食住の物質生活である。その物質生活が厚うせられなければならない。生産の目標がそこに置かれるやうになると一国の産業は、国際関係や何かでは左右せられぶちこはされる、といふことがなくなる。[29]

国内産業の中心を、生糸や絹織物等の海外輸出向けの生産から、国民の日常必需品の生産に転換すべきことを主張するのである。日常必需品は、買い手が限定される生糸や絹織物等の贅沢品と違い、景気の変動に関係なく、生産すれば確実に買い手が現れるという「生産と同時に購買力を生産し得る」[30]性質のものである。であるがゆえに、日常必需品の生産は、その規模を拡大しても、拡大した分量に比例して購買者が増えるため、拡大すればするほど物価が低下し、労働者の雇用も増加し、失業問題も解決できる。さらには、将来予想される戦争をも回避できると考えたのである。

一国家が自足自給的になつたとすれば、他の国家と戦争を交へることは必要でなくなる。輸出を必然とする国民経済の建前に於いては、市場争奪の為めの戦争をも決行しなければならないが、自足自給の国家に対して何れの国家が積極的に侵略戦を開始するであらうか。私は日本が将来にはらんでゐる日米戦争の危機をも、日本が自給自足的になることによつて自《おの》づから解消せしめるものだと信じてゐる[31]。

世界大戦後の洋行経験はないものの、欧米から大量の原書を取り寄せ、総力戦の実態を把握していた杏村は、「持久防禦の天然資源と、人口と、財力とを持たない日本」が戦争を始めれば「莫大の損害を被るに相違ない」「戦争に勝つたにせよ、その勝利はその損害を償ふことが出来ない」と考えることができたのである[32]。経済不況や戦争を回避するため自給自足の経済体制を確立しなければならないが、アメリカやロシアとは違い、狭い領土と貧しい資源しかない日本ではその実現は極めて難しい。そこで、日本、「満洲」、「支那」の三国間での経済ブロックの形成を主張する。

フランスとドイツの如きは、今後二世紀や三世紀の努力を以ては、合同して一国家を成立せしめることなど夢想さへせられない状態であります。併し欧洲経済連邦といふやうな形態の出来ることは、考へられる。そしてかうしたブロックは、近い将来に成立するに相違ないのである。そこでこれと同様なことを、日支間に考へればよいのであります。日本は支那の、独立国としての主権を少しも侵害する必要はない。支那は立派に独立国家としての支那として存立するが宜しい。ただ併し経済ブロックとしては、日本、満洲、中国と連結した一つのブロックを成立せしめることが、世界の経済地理的形勢として、最も自然のものだと私は主張するのです。[33]

杏村が構想した「大アジア・ブロック」は、各国の主権を認める、あくまでも経済的な範囲に限定したものであり、日本が盟主となって、西洋列強の影響力を排除し、軍事的政治的文化的にアジア諸国をリードしていくという、後年の「東亜新秩序」や「大東亜共栄圏」構想とは全く異なるものであった[34]。たとえば、『島国家としての日本の将来』では、中国について、「支那は、日本がそこを主たる市場と考へてゐる間は、完全に日本と親善の関係を結び得ないであらう。のみならず日本が、支那の領土内に何等かの支配権を設立してゐる間は、支那が日本に対し真に胸襟を開いての親善を示し得ないのは当然である。支那との貿易関係は商業主義的のそれではなく、真に有無相通ずる意味のそれとならなければならない[35]」と述べている。また、『現代世相論』では、「満洲国を、我が保護領であるか何かのやうに考へることは、断じて不可であります。満洲国は、何処までも独立国家としての満洲国であり、その独立を第一に尊重し発揮せしめるものは、我が日本でなければなりません」[36]と主張するのである。

おわりに

自給自足の国民経済の確立を目指す杏村は、農村問題にも多大な関心を向けた。ダグラス理論の影響により生産と消費の調和を考えていた杏村は、一切の生産を農村に押し付け、消費活動のみを行う都市を「社会全体から見て、全く絶対的消耗をなす不当の存在物」[37]と指摘する。都市と農村の間の経済関係を独特の数学的公式を使い、都市がその規模を拡大したり、物質の消費量を大きくすることで物価が上昇する一方、農村の購買力は常に一定しているため物価の高騰に生活が苦しめられる、すなわち、「都会は益々栄え、田舎は益々衰へる」[38]との結論を導き出す。そこで、杏村は、農村救済策として、農村が経済的信用力を創造し、自らの生産物を都市に購入してもらうことなく、すべて農村自身で購入できる購買力を得るべきだと主張する。具体的に、経済的信用力を創造するための「農民銀行」、農村内部で生産物を消費するための「消費組合」の設立を提案するのである[39]。農村が購買力を得たことで、「絶対消耗体」である都市は生産物が回らなくなり破綻する。その結果、都会に流れていた人口は再び農村へ戻り、農村は生産と消費が調和した理想的な町並みとなる。杏村は、将来の農村に対して、次のような幻想を抱いていたのである。

何と美しい田舎だらう。そこには自動車が自由に往復する大道が通つてゐる。そして田舎にはやはり田舎らしい緑葉の並木が走り、山は光りに潤うてただこの美しい光景に感謝してゐるやうに見える。その間に点綴せられる農村は、何れもがつしりとした瀟洒《しょうしゃ》な建築から出来てゐる。農民達の家にまじつて消費組合の大きな百貨店が建ち、農民銀行の支店も建つて見える。さうだ、映画館や劇場や図書館も、田舎に立派なものが建つてゐるのだ。そして農民の住宅へ這入つて見ようものなら、どこの家の生活も実に裕福さうで、土間に最新式の農具があり、食器棚には気品の高い芸術的な食器が並び、書棚や楽器が並んでゐる。何とこれは羨しい生活ではないか。(40)

この頃、伝統的な日本の農村にロマンティシズムを抱いて反近代・反西洋を主張する権藤成卿や橘孝三郎らの農本主義者が超国家主義運動に関与するようになるが、杏村の理想とする農村は、都市の消費文化、近代文化を十分に享受したものであった。自由大学運動を通じて信州上田の農村青年と交流を持ち、(41)埼玉の農民運動家として知られる渋谷定輔とたびたび会っていた(42)杏村は、農村の実態や農民の望むものをよく認識していた。杏村は、功利という点を無視しては、民衆の心を捉える現実的な思想・言論にはなりえないことを十分理解していたのである。

(1) 土田杏村の生涯に関しては、上木敏郎『土田杏村と自由大学運動―教育者としての生涯と業績』(誠文堂新光社、一九八二年）を参照。
（2）清水真木『忘れられた哲学者─土田杏村と文化への問い』中公新書、二〇一三年、一八〜二〇頁。
（3）藍原五三郎宛土田茂書翰、一九一〇年一月十六日、上木敏郎編著『土田杏村とその時代』新穂村教育委員会、一九九一年、六一頁。
（4）岡本幸治『北一輝─転換期の思想構造』ミネルヴァ書房、一九九六年、七一頁。
（5）丘浅次郎『進化論講話』一九〇四年、筑波常治編『丘浅次郎集』筑摩書房、一九七四年、二四七頁。
（6）同右、二六六頁。
（7）『北一輝著作集』第一巻、みすず書房、一九五九年、一〇九頁。
（8）鳥羽茂「杏村と生物学（上）」一九六七年六月、前掲『土田杏村とその時代』一六一頁。
（9）『日本支那現代思想研究』一九二六年、『土田杏村全集』第四巻、第一書房、一九三五年、七一〜七二頁。
（10）同右、一七一頁。
（11）田中王堂『徹底個人主義』天佑社、一九一八年、一五四頁。
（12）田中王堂『吾が非哲学』敬文館、一九一三年、五八頁。
（13）田中王堂『書斎より街頭に』広文堂書店、一九一一年、四七六頁。
（14）土田杏村『文壇への公開状』岡村書店、一九一五年、五三〜五四頁。この一九一四年に書かれた日記の記述は、『文壇への公開状』のほか『霊魂の彼岸』（一九二〇年）、『文化主義原論』（一九二一年）のなかでも引用されている。
（15）土田杏村『文明思潮と新哲学』広文堂書店、一九一四年、三四六〜三四七頁。
（16）『土田杏村全集』第一四巻、一九三五年、一八八〜一八九頁。
（17）『文化主義原論』一九二一年、『土田杏村全集』第二巻、一九三六年、三六二〜三六三頁。
（18）土田杏村『社会哲学原理』（新装版）第一書房、一九二八年、二二三〜二二五頁。
（19）同右、二二一頁。
（20）同右、二二七頁。
（21）同右、二三三頁。
（22）同右、二三五頁。
（23）同右、二三五〜二三六頁。

(24) 高田保馬は、杏村がダグラスの信用経済論に関心を向けた理由として、マルクス主義批判の理論的補強材と、ギルド社会主義への関心の延長という理由をあげている。「土田杏村の経済観」『セルパン』一九三四年六月号、五頁。また、杏村におけるダグラス信用経済論の理解を考察した論稿に、笹原昭五「土田杏村のダグラス主義経済論」(『経済学論纂』一七巻五号、一九七六年九月)がある。
(25) 関曠野「ベーシック・インカムをめぐる本当に困難なこと」『現代思想』三八巻八号、二〇一〇年六月、二二一頁。
(26) 土田杏村「ダグラス」大阪商科大学研究所編『経済学辞典』第三巻、岩波書店、一九三一年、一六八一頁。
(27) 土田杏村『思想・人物・時代』千倉書房、一九三二年、一四八～一四九頁。
(28) 土田杏村『現代世相論』千倉書房、一九三二年、二二四～二二五頁。
(29) 同右、七四頁。
(30) 前掲『思想・人物・時代』一三五頁。
(31) 同右、一四九～一五〇頁。
(32) 『島国家としての日本の将来』一九二四年、『土田杏村全集』第八巻、一九三五年、四六頁。
(33) 前掲『現代世相論』五七～五八頁。
(34) 杏村の「大アジア・ブロック」構想と同時代のブロック経済論との比較に関しては、大木康充「戦間期のアジア・ブロック論に関する一考察―土田杏村の『大アジア経済ブロック』構想を中心に」(武田知己・萩原稔編『大正・昭和期の日本政治と国際秩序―転換期における「未発の可能性」をめぐって』思文閣出版、二〇一四年)を参照。
(35) 『土田杏村全集』第八巻、四七頁。
(36) 前掲『現代世相論』五九～六〇頁。
(37) 『農村問題の社会学的基礎』(改訂増補版)一九三一年、『土田杏村全集』第八巻、四一三頁。
(38) 同右、四一一頁。
(39) 『文明は何処へ行く』一九三〇年、『土田杏村全集』第八巻、三六一頁。
(40) 同右、三六六～三六七頁。
(41) 杏村と自由大学運動との関係については、前掲上木『土田杏村と自由大学運動』を参照。
(42) 杏村と渋谷との交流に関しては、渋谷定輔『農民哀史から六十年』(岩波新書、一九八六年)を参照。

第七章　河合栄治郎の理想主義的社会主義

はじめに

昭和に入ると、知識人の関心は「政治」「社会」に向かい、明治末期から大正にかけて多くの青年層を魅了した「教養」「人格」に関する議論は退潮していく。学生たちを中心にマルクス主義思想が流行、階級闘争の実践へと向かっていったのに対して、青年将校や民間右翼は「昭和維新」をスローガンに天皇親政を目指す国家改造運動を展開していった。かつて論壇で注目を集めていた大正教養主義は、新しい時代の前に為す術をなくしていった。そうしたなかにあって、依然として「教養」「人格」の重要性を主張し、その立場から「政治」「社会」の問題に積極的に斬り込もうとしたのが、東京帝国大学経済学部教授の河合栄治郎（一八九一〜一九四四）であった。[1]

河合はしばしば教え子に向かい、「人生には右せんか、左せんか迷うときがある。そんなとき自分に不利だと思われる方の道を選び給《たま》え。人間は無意識の内に、自分に都合のいい道ばかり行こうとするものだからね」[2]と説いた。河合によれば、人は、世のため人のために行おうとする道義的行為が自己の利益（功利）にそのまま結びつく場合は迷わない、迷うのはそれらが相反する時であり、その場合は自己の利益をきっぱりと捨て去る道を選ぶことが人間としての本分を貫くことになるというものであった。それは、軍国主義が台頭するなかで一歩も怯むことなく自由主義的言動を貫いた河合の生涯を象徴するものであった。「戦闘的自由主義者」と形容される言動を貫くことができたのは、そのパーソナリティーによるところも大きいが、「人格」という概念に対して絶対的な信頼を寄せていたからである。

1　最高価値としての人格

河合が人格の権威を強く認識するようになったのは、第一高等学校在学時であった。当時の第一高等学校は、カリスマ校長・新渡戸稲造の指導のもと、多くの学生たちが理想主義・人格主義に感化され、弁論部を中心に「新渡戸宗」と呼ばれる一群が形成されていた。弁論部に入って鶴見祐輔や川西実三らの先輩と接触するなかで、河合もまた新渡戸流の理想主義に染まっていった。

新渡戸博士と弁論部の先輩と部の雰囲気とは、私をして停止して佇立して、従来の私を静観せしめた、自己が自己を考察の対象とした時に、既に、私は今までの私ではなかった、何故なれば私の自己は既に分化して考察する主体と考察される客体となった。考察する主体は、客体の自己とは異なる普遍的な客観的な自己であった。自己の考察に於て分化した私は、更に意欲に於て同様の分化を経験した。私の中の一つの自己は従来の自己を鞭撻《べんたつ》し激励する自己であった。博士はよく to be or to do と云う言葉を使われた、人の価値はその為した事業の結果に在るか、或いは人その人にあるかと云う意味であるが、云うまでもなく博士は to be の方を肯定されたのである。最も価値あるものは、名誉でも富でもなく、又学問でも事業でもなく、彼れの人格に在ると云う彼の理想主義は、私に教えられた。私の価値の判断は転倒した。従来の私は死んで新しき私は生れた。(3)

to be、すなわち、自分とは何であるべきか?という根源的な問いの必要性を求める新渡戸の理想主義から影響を受けた河合は、自己省察という新たな課題を与えられ、哲学・宗教書を耽読する学生生活を送ることになったのである。

新渡戸の理想主義のバックボーンがキリスト教である以上、それを深めていけば当然キリスト信仰にたどりつかざるをえないが、官立の教職という立場上、新渡戸は学生たちにキリスト教の教理を説くことができなかった。そこで、教え子の信仰指導を親友の内村鑑三に託したのである。「新渡戸宗」の学生たちは、柏木の内村邸に通い、「柏会」「白雨会」などの会を結成して、内村から信仰指導を受けた。河合もやがて学友に誘われ「柏会」に参加、内村の人格と思想に魅了されることとなったのである。

先生の筆は強く、その言葉は更に力強い、更にそのライフは不断の戦闘であつた。先生は曾《かつ》て我々の一生が悪魔との戦であると云はれ、汝等は地の塩なり世の光なりと教へられました。私は先生の筆と言葉と人格に依つて、最も強く人生が不断の戦であると云ふ事を感ぜしめられたのであります。正しきもの、美はしきもの、誠なるもの、義なるものに対する憧憬を以て、悪しきもの、穢《けが》れたるもの、不義なるものに対する苦闘を続くべきを教へられたのでありました。(4)

一八九一年の教育勅語不敬事件以来様々な非難・中傷に屈することなく自己の信念に従って行動してきた内村の人生は、同じキリスト教徒でありながら意志の貫徹というより寛容・包容力を発揮した新渡戸稲造と比べると対照的であった。新渡戸の「弱さ」に飽き足りなかった河合は、内村の戦闘的な人生に憧れを抱いたのである。しかし、贖罪信仰への違和感、「individuality に立脚した思想」の重要性に気づき、結局キリスト信仰に身を委ねることができなかった。(5) 河合はその代表的著書『学生に与う』(一九四〇年)のなかで、我執を捨てて神の前に敬虔に跪く宗教家と比較して、「理想主義者」の特徴を「現実の自我を叱咤《しった》し鞭撻し、理想の自我を目指して驀地《まっしぐら》に精進するが、己れを駆る力を、己れ自らより出づるとし己れ自らに帰する。(中略) 己れの内心の真奥に、功を己れに帰する自負心 (self-conceit) が抜け切れない」(6) と述べる。師の内村と違い、自我を捨てきれない河合は、自我の思索や体験を出発点として独特の理想主義的人生観を構築していったのである。後年、河合は、理想主義に否定的な教え子に対して次のように諭したという。

諸君にはわからぬかも知れない。私がこの理想主義思想を編み出したのは、漫然と読書し、思索した結果ではない。昔私はある痛烈な体験を持った。その体験内容は具体的にはいえないがこの体験によつて私は打ちひしがれ、殆んど絶望に陥りかけた。その時私の中にこの絶望を克服したとき始めて私は本当に成長するのだという声が聞え、私は勇気を得てこの危機を乗り超えた。この絶望と絶望の超克という悲痛な体験が、私の思想体系の出発点にある。この体験のない諸君には人格の成長はわからない筈だ(7)。

ここでいう「ある痛烈な体験」とは、猪木正道も指摘するとおり若き日の失恋であった(8)。東京帝国大学を銀時計受領者として卒業し、農商務省のエリート官僚となった河合には、大学時代の恩師・小野塚喜平次を通じて、著名人の令嬢との縁談がいくつか寄せられた。なかでも、第一高等学校時代の恩師である新渡戸稲造の養女・琴子とは、既知の間柄で相思相愛となり、すみやかに婚約が成立した。しかし、その後、両家の家風や宗教の相違などを契機として二人の間に亀裂が生じ、新渡戸家から破談を申し渡された。この時、最愛の女性を奪われた河合の失望は大変激しく、煩悶に襲われ眠れない幾夜を過ごしたのである。

この時、失恋の痛手を克服させ、理想主義の体得に向かって大きな作用をなしたのは、テオドール・リップスの思想であった。河合は、阿部次郎著『倫理学の根本問題』（一九一六年）を通じて、リップスの理想主義に目を開かれたのである。「人類の道徳的向上は最高の法則にして絶対の権利である」[9]という理想主義は、小さな我欲にとらわれ真実を見失い自暴自棄に陥っていた河合に、「人類の道徳的向上」という大目的を与え、正気に立ち返らせた。しかも、その理想主義は、彼が一高時代に、新渡戸稲造や内村鑑三を通じて出会ったキリスト教的理想主義とは異なるものであった。河合はキリスト教の禁欲的性質に違和感を持っていたが、人間の欲望を肯定するリップスの思想に会心のものを見出したのである。リップスによれば、欲望それ自体は悪ではない、むしろ欲望の強いことは「良き動機である」とさえいう。自己の欲望（「低級の動機」）より他者を尊重する道徳（「高等の動機」）が強くなれば、犯罪行為は起こらない。むしろ問題なのは、欲望が弱く怯懦から犯罪とならないことである。その場合には道徳の有無は問われなくなり、何もしない者が「善人」として道徳的賞讃を得ることにもなりかねない。真の意味での「善」とは、欲望が強くともそれを上回るほどの強い道徳心をもって積極的な行動を起こすことであり、また、真の意味での「悪」とは、人間の弱さや何もしないことであると主張する。後年、河合は「為すべきを為さざる時に悪がある。善と云われるのは、伝統と因襲とによって悪と云われることを為さざることではない[10]」という「不作為の罪悪」を主張する。一大学教師の河合が、あえてジャーナリズムを舞台に、「二・二六事件に就いて」に象徴されるように、ファシズムに対して歯に衣着せぬ批判を展開することができたのも、「不作為の罪悪」という考えによるものであろう。

その後、社会思想史研究を通じて、T・H・グリーンやカントの哲学を研鑽するなかで、河合は「人格の実現」（もしくは「人格の成長」）が「最高善」であるとの考えにたどり着く。

私は最高善とは、人格を全き程度にまで自我に実現せしむることであり、之を別な方面から云えば、自我を成長発展せしめて人格を実現せしめることである。人格は知識的、道徳的、芸術的の活動に「真」「善」「美」の理想を提示するが、之らの理想を実現せしめることに、吾々の最高善が存するのである。[11]

人格とは真、善、美を調和し統一した主体であるから、之が最高の価値、理想である。或いは之を最高善（the highest good, das höchste Gute, summum bonum）と云う。（中略）人格は最高の価値、理想であるから、之が我々の目的であって、あらゆる他のものは手段であり、之を物件（Sache）と云う、従って富も地位も我々の身体も亦、物件であって決して目的ではない。[12]

「最高善」を観念の世界に止めておくのではなく、現実社会における「最高善」の実現を目指して、「物件」にも眼を向け、その改良・向上に積極的に関わっていった点に河合の思想家としての最大の特徴がある。

2 労働問題研究

一九一五年に大学を卒業し農商務省に入省した河合は、労働問題に従事する。河合自身が語っているように、国家官僚の立場から労働問題に関与するという道を選んだのは、農商務省発行の『職工事情』（全五冊、一九〇三年）を読んだことがきっかけであった。『職工事情』は、農商務省臨時工場調査掛が、日本における最初の労働者保護法（工場法）を成立させるため、当時の劣悪な労働事情をほとんどあるがままに描出した官庁報告書である。特に、第四冊の『付録一』と第五冊の『付録二』は、統計的分析的な本編とは異なり、女工の虐待や誘拐等に関する農商務省から各府県への照会とそれへの回答、職工・工場主・口入れ業者等の談話からなる資料編であり、雇い主の職工への虐待や蹂躙の様子を生々しく伝えていた。河合は、大学の経済統計研究室で偶然この付録二冊を目にし、読み進めるうちに、「涙なくして閉じることは出来ない」「聖代の日本に於て私共の身の囲りにかくの如き暗黒の生活があろうとは夢にも思い設けなかった」というほどの衝撃を受けた。[13] 結果的に、年少者・婦人の就業時間制限などを規定した工場法は、一九一一年三月に制定されたが、第一次世界大戦の勃発による経済変動や度重なる政変などの諸事情から、実施は大幅に延びていた。一九一四年四月に成立した第二次大隈重信内閣が政綱の一部に社会政策を標榜したことで、その施行が現実味を帯びたが、河合が『職工事情』に出合ったのもちょうどその頃であった。河合は、工場法の実施こそが労働者保護の早道であると確信したのである。

そもそも河合に労働問題の重要性を示唆したのは東京帝国大学時代の恩師・小野塚喜平次であったと考えられる。小野塚は、その代表的著書『政治学大綱　下巻』のなかで、「労働問題ハ現今文明国ニ於ケル重要ナル問題」「単ニ経済問題ニアラズシテ又大ナル政治問題」と述べている。[14] 十八世紀後半以降の産業革命に伴う様々な経済上の変化、すなわち「工場組織ノ工業」の隆盛・「大資本経営ノ時代」の招来・社会的分化の激化・貧富の差の拡大・労働者階級の地位不安の明確化といった「物質的原因」に、「自由平等博愛ノ思想」が「近世文化国」に普及した結果もたらされた「法上人格ノ平等」・「参政権ノ拡張」・「教育ノ普及」・「労働者ノ自覚自重奮起」という「精神的原因」が抱合して労働問題が「産出」したと指摘する。[15] 小野塚にとって、労働者階級の政治的・経済的覚醒によって起こった労働問題は、二十世紀の「衆民的時代」を象徴するものであった。そのように労働問題を認識していたからこそ、前述したように、小野塚にとっての労働者保護とは、戸水寛人や金井延とは違い、労働者の物質的向上という点に止まらず、その人格尊重という精神面にまで目を向けることができたのである。小野塚の指導を受けて、従来の理想主義的情熱と科学的実証的研究の調和を目指していた河合にとって、労働問題は青春のすべてを傾注するに足るものと考えられたのであろう。

入省から四年後に労働組合公認等の進歩的な労働政策構想を主張して退官する河合であるが、すでに入省直後から、上司たちの産業保護の視点とは異なる労働問題観を主張していたようである。工場監督官補時代に上司の四条隆英工場課長に宛てて書いた書翰には、甲府、諏訪、大阪、広島、福岡、鹿児島、大分の工場を視察した感想として、①日本従来の温情主義と「個人の自覚に伴ふ権利伸長の思想」をいかに調和すべきか、②工場法の実施をはじめとする社会政策は、労働者の境遇改善等の物質的方面に止まるのではなく、その背後に「真に各人をして幸福ならしむべき心の訓練」

が伴わなければならない、③更に労働保険を実施しなければならない、④地方において官吏の勢力の大きいことが官吏を堕落させる原因である、との四点をあげている[16]。

その後、七ヶ月あまりのアメリカ出張を経て、河合の労働問題観は益々進歩的で具体的なものに発展していく。来るべき第一回国際労働会議に提出する日本政府方針案の起草という重大任務を与えられた河合は、研究成果を『東京朝日新聞』や『改造』をはじめとするメディアを通じて積極的に発表していった。発表した論文の大部分は、後に『労働問題研究』(一九二〇年)として纏められることになる。

その労働政策構想の最大の特徴は、国家官僚の立場を離れ、労働者の生活視点に立って考察していることである。河合は、労働問題が単に賃金上昇や労働時間短縮に止まるものではなく、現存の経済制度の改善にまで及ぶべきものであり、「労働者階級の雰囲気に生活したものだけ」がその任にあたれるのであって、現存社会制度を是認する者のなしえるところではないと指摘し、「仮令国家の官吏が、資本家と労働者との中間に立って公平な裁断を為し、以て労働者の境遇を改善しようと努めても、一般に官吏自身が其の出身の階級からして、寧《むし》ろ資本家的の思想を保持し、而して政府は概して資本家の金力を度外視することが出来ないものであるからして、国家の官吏に公平を期して完全なる労働法規の制定を求めても到底望み得可からざることである」とまで述べる[17]。

労働者の生活視点に立った河合は、次のように失業問題を重要視する。

失業の害毒は単に経済上の損失のみに止まらずして、其の労働を求めて東西に奔走するや過度の心痛を伴うもので、之より生ずる疲労は到底労働の疲労に比すべくもなく、而して職を求めて幾度か競争に敗るるの結果は、漸次向上の野心を消耗し失望落胆の結果、遂に浮浪の群に入り犯罪の悪性を帯ぶるに至るのである。失業は斯くの如き影響を労働者に与うるものであって、単に賃金の低廉、時間の過長なるが為より来るものに比し其の苦痛は一層深刻にして、加うるに失業の災厄は労働の能力と欲望とを有するものの味わう所であるから、疾病《しっぺい》傷害の為に不遇を嘆ずるものに比し一層其の悲惨は根本的である。而して失業の事たる敢えて当事者の好んで之を招致したるものではなく、現代経済組織に伴随する必然的の産物にして、之が責任を負うべきものは労働者に非ずして産業自体に存するものと云わなければならない。(18)

右のような指摘は、労働者の生活における悲哀を十分に理解していなければ不可能なものであろう。河合は、失業問題の解決策として、国家が「労働紹介及び強制的失業保険」を実施する必要があると主張する。(19)これは、戦後の一九四七年に実現した公共職業安定所と失業保険法を先取りするものである。

アメリカ出張中、その国の労働者が労働組合を組織して自発的に権利を獲得しているという実状を目のあたりにした河合は、「予《よ》一個の見解としては、我が国労働者をして個人的の自覚を為さし

む る為にも、又下層労働者の境遇を改善する立場から云うても、労働組合を公認することは実に急務といわなければならない[20]」と、労働組合公認論を主張する。その公認論は直ちに労働組合法を制定するというものではなかった。河合は、国家主導の労働組合が組織されることを警戒するとともに、労働者の自発性を重んじ、「吾人は労働組合法の制定に特に重きを置くものではないので、組合に対する政策は第一に其の運動を自由ならしむるにある。先ず其の障害となる所のものを撤去するにある[21]」と、労働者の同盟罷業を事実上禁じた治安警察法第十七条の撤廃を当面の課題としたのである。

そして、河合が単なる観念的な理想主義者ではなく、常に現実社会との緊張感のなかで具体的建設的な考察を行う「理想主義的現実主義者」であったことを示すのは、その労働政策構想が産業上の視点をおろそかにしていないという点である。イギリスの社会政策は、産業革命を経て世界一の産業国となった後に実施されたため、産業の進展に及ぼす影響はほとんどなかったが、日本経済は産業革命の途上であり、国際競争に生き残るためには、「我々は今日日本の労働保護を考ふると同時に我産業の保護を度外視することは出来ない」と主張する。[22]「もし産業の発達を度外視すれば、軈《やが》て国民の経済的能力を減退し、労働賃銀の低下、失業問題、物価の上騰を生じ、結局労働者の為にも、不幸を生ずるものといわなければならない[23]」という。かつて臨時産業調査局において日本の産業事情を調査したり、アメリカで強大な経済力を直視したなどの経験からもたらされた現実的な見解であった。それはまた、賃金の上昇や就労時間の短縮などの労働保護を強調するあまり、産業上の視点を無視しがちになる労働運動家への警告でもあったといえるだろう。

今十二時間の労働者を俄《にわか》に八時間に短縮したならば従来の三分の一の能率を減少するものであって、斯くの如きは未だ充分の用意なき我が経済界に非常なる激変を生じ、未だ欧米に及ばない我が国の産業を萎靡《いび》せしむることは明らかであって、一方出来高払いの労働者に付いては其の賃銀は急激に減少して、却って労働者の幸福を害し社会政策の本旨に反するものと云わなければならない。(24)

3 理想主義的社会主義

農商務省退官後の一九二〇年、東京帝国大学経済学部に職を得た河合は、「経済学史」講義の準備と新たな思想体系の構築という自己の問題関心に従い、十八世紀後半から十九世紀中頃までのイギリスを対象とした社会思想史研究に専念する。それは、一九二三年十二月に刊行された『社会思想史研究』に結実するが、ここで、河合はベンサムの功利主義に関して独特な解釈を展開する。ベンサムの功利主義の前提として、「人間が常に自己の快楽を求め、苦痛を避けんとするもので、唯之を目的としてのみ動き、他に人間を動かす目的なるものなし」とする「心理学的快楽説(25)」が存在し、それが当時のイギリス人の人間観の根本を作り、古典派経済学、さらにはマルクスにも影響を及ぼしたと指摘する。古典派経済学へのベンサム功利主義の影響という点は、河上肇の『資本主義経済学の史的発展』（一九二三年）においても指摘されるところであるが、マルクスへの影響という視点は、社会思想史研究とはいいながらも、その関心が人間観にまで及んでいたことから導き出された河合ならではの見解であった。「経済学の父」アダム・スミスにおいては、「富は人生の為の富であって、経済学は人生の為の経済学であった」が、ベンサム功利主義の影響を受けて、その後の経済学は、「富は富其のものの為」となり、「唯富其のものの為に富を研究する学問」となってしまった。富が「人生の為の富」である限り、必要とされる富には限度があるが、「富の為の富」となると、際限なく富が追求されることになってしまう。その結果、資本家は飽くなき貪欲をもって経済活動を展開することになり、国家は財貨の生産を最重視して生活に困窮する労働者に手を差し伸べることができないと指摘する。[26]「最大多数の最大幸福」という功利主義のキーワードに対して、社会に未だ独占と不平等が存在する限りにおいて「最大多数」は今後も追求されるべき課題であるが、「最大幸福」に関しては次のように疑問視する。

社会の制度の使命は、社会に属する人々の人格の発展の為に、必要なる条件を具うるに在る。幸福が其の必要なる条件たる場合は多いであろう。然し重きを置かるべきは其の幸福が人格の発展の為に役立つことにある。例えば労働法規の実施は、労働者の為に時間を短縮し、賃銀を増加し、工場の設備を改善し、危害に対する保護を与える、之等の条件は労働者にとって幸福なる条件である。然し社会制度の本来の使命は、之等の幸福が労働者の内的の発展に与《あずか》ることに在る。最大幸福なる語は動《やや》もすれば唯幸福を具うるを以て能事終われりとする傾向を助長する[27]。

「人格の発展」を「最高善」とする河合は、自らもベンサムやT・H・グリーンのような体系的思想家を目指すとともに、「最高善」を実現する理想的な社会への変革を志した。世界大恐慌に伴う日本経済の深刻な不況を、東京帝大経済学部「社会政策」講座担当教授として迎えた河合は、社会主義経済への変革を積極的に主張する。しかし、ここでも、「最高善」が思考の中心であり、それに基づいて具体的な政策が主張されるのである。

社会制度の理想は何であるか。それは社会に属するあらゆる成員――一人も一階級も犠牲とすることなく――をして人格の完成をなさしめることに在る。蓋《けだ》し絶対に価値あるもの即ち善とは、唯人格の成長に在る。而して一人の人格の成長は、必然に他の人格の成長を関心事とする。他を犠牲として成長することは、真正の意味の成長ではありえない。従って一人の人格の成長と他人の人格の成長とが牴触《ていしょく》することはありえない。若《も》し社会に一人と他人と一部と他の部との間に牴触があるとすれば、それは人格の成長とは異なるものに、最高の価値を置くからである。例えば一国生産力の発展の為に、或いは一国家の膨張の為に、一部の成員が他の成員を犠

牲とすることがあるならば、その場合は生産力の発展又は国家の膨張を善なるものと前提しているからである。(28)

「社会に属するあらゆる成員の人格の完成」という「最高善」を実現するにあたって、資本主義経済には四つの弊害があると指摘する。第一に、「プロレタリア」（労働者）は「ブルジョアー」（資本家）より剰余価値を搾取されるため、「生産過程に於て就業時間の過重を強いられ、その生活は一日の疲労を回復する為に辛うじて役立つのみで他事を顧みる暇がな」く、しかも、消費生活においては「賃銀の低下がある上に、更に消費者として搾取され、高価なる生活資料を買うべく余儀なくされる」状態であり、人格の成長のために必要な道徳的経済的条件を欠く。第二に、「ブルジョアー」は「何等労働に服することなしに、唯余剰価値を搾取して生活する」、しかも、「不労の所得を奢侈逸楽《しゃしいつらく》に消費しつつある」ため、人格の成長を阻害される。第三に、「ブルジョアー」の搾取・支配に対して「プロレタリア」が憎悪と反感を抱き、「之らの不満は階級闘争の原因となり、反抗憎悪はプロレタリア階級に浸潤し、ブルジョアーも亦《また》直観的に自己の地位に疚《やま》しさを感ずるが故に、不安と恐怖とに脅威されてゐる」ため、「あらゆる成員の人格の円満なる成長に反し、偏奇したる人格を作らずんば止まない」。第四に、「資本主義のイデオロギーたる物質主義は、人格成長と根本的に衝突する」と述べる。(29)

そして、河合はそれらの弊害の源泉として、「余剰価値の搾取」と「自由競争による生産の無政府状態」をあげ、新たな経済体制として、(一)「生産手段の私有の廃止と生産の統制」、(二)「あらゆる成員は労働の義務を負う。但し少年老癈者は此の限りではない。又労働とは必ずしも筋肉労働のみを意味せず頭脳労働をも包含する」、(三)「あらゆる成員に生活の最低標準を保証する」という三つの条件を含んだ「社会主義」を主張するのである。[30]しかも、その社会主義社会は暴力革命ではなく、議会主義によって実現されるという。河合が議会主義の論拠としているのは、「社会は全社会構成員の所有であり、一部構成員の私有ではない[31]」という古代ギリシア以来の一般的なデモクラシー的見解と、「議会主義に依らなければ、社会主義実現の後に於ても、常に反革命の危険性がある[32]」という戦略的な見解に加えて、民衆における社会への自覚を促進するという教育的見解であった。

議会主義に依れば、総選挙に於て民衆に資本主義の弊害を説破し、社会主義社会の必要を力説する。之により民衆の信念を改宗せしめ、未来社会に対する心の準備を整えしめるのである。かくの如くして社会主義社会の実現と共に、之を迎うべき新たなる信念とが平行する。若し社会主義にして民衆を説得せんとするならば、民衆の伝統と戦い、反対思想の反駁に答えねばならない。かくすることにより社会主義自体が洗練され彫琢され、民衆の現実に触れた信条となりうるのである。此の意味に於て総選挙及び之に対する平生の準備は、一面に於て民衆に対する講壇よりする教育であり、他面に於て社会主義自体が自らを批判の俎上《そじょう》に置き、自己を反省し完成する修業の道場でもある。更に暫《しばら》く社会主義の実現と云う特定の目的を除外しても、民衆は総選挙に於て夫々《それぞれ》異なる社会批判を聴き、自ら何《いず》れかに賛成せざるをえない立場に置かれることにより、凡そ社会制度の意義を自覚せしめられ、いかに制度を批判すべきかを教育される。若し革命により社会が変革されるならば、此の教育過程はなされずして過ごされる。然し此の過程は単に社会主義の実現に対して必要なるのみならず、一個の社会人として更に人としての成長に必要なる過程である。(33)

「人格の成長」という点からも議会主義は尊重されるべきものであった。そして、河合は、明治憲法体制下においてできるだけ民主的な議会制度の実現を目指して、第一に「政府の中心が民衆の選挙する議員より構成される衆議院に存すること」、第二に「衆議院の議員を選挙する資格が、男女を問わず、苟《いやしく》も判断能力を有する年齢以上の一切の民衆に与えられること」、第三に「言論の自由が認められること」の三点の改革を主張するのである。(34)

「戦闘的自由主義者」といわれる河合の生涯のなかで、その戦闘性を最も象徴するものとして評価されているのが、二・二六事件のさいの言動である。河合は、陸軍皇道派将校たちによる軍事クーデターに対して、「ファッシストの何よりも非なるは、一部少数のものが暴力を行使して、国民多数の意志を蹂躙《じゅうりん》するに在る」(35)「若し依然としてファッシズムに存在の理由があると云うならば、寧《むし》ろあらゆる社会成員に公平に武器を分配し、然る後にフェアプレーを以て抗争せしめるに如《し》くはないのである」[36]と、一大学教授でありながら、歯に衣着せぬ激烈な表現で批判した。大学時代の恩師・美濃部達吉が事件の五日前（二月二十一日）に自宅で右翼青年に銃で撃たれ負傷していた事実を知っていた河合[37]は、こうした主張を発表することで自分の生命が危険に晒される可能性があることを十分承知していた。それでも踏み切ったのは、陸軍皇道派将校たちのクーデターが「最高善」を阻むものと認識したからである。事件の六日前の二月二十日には、第十九回衆議院総選挙が行われており、その投票結果は、与党民政党が二百五議席を獲得して第一党に返り咲き、国体明徴運動を推し進めてきた野党政友会は、議席を七十以上落とすというものであった。また、無産政党の社会大衆党が、十八議席を獲得して大きく躍進した。河合は、選挙翌日の日記に「政友の敗北、社大〔社会大衆党〕の進出は我が意をえた。近頃愉快なことであった[38]」と記し、政友会の後退と民政党・社会大衆党の躍進という選挙結果を素直に喜んだ。それは、「国民の多数が、ファッシズムへの反対と、ファッシズムに対する防波堤としての岡田内閣の擁護とを主張し、更にその意志を最も印象的に無産党の進出に於て表示した[39]」との分析によるものであった。河合は、この選挙を契機に、国体明徴運動によって力を増しつつあったファシズム勢力が衰退していくだろうとの期待を抱いていたのである。「人格の成長」を促進させる議会主義への攻撃は、河合にとって許しがたいものであった。自己のみならず「社会に属するあらゆる成員」の「人格の成長」こそが河合にとっての道義であり、それに沿って生きることは、孤独で無謀な戦いを彼に強いることになったのである。

4 戦争論

河合は、戦争に関しても「社会のあらゆる成員の人格の完成」という「最高善」の観点からの考察を試みる。「国民と云う共同体は自己の意志によって支配さるべきもので、他の国民の意志に隷属すべきではない。国民が独立自主の主体となった時、始めて国民の成員は自然の人格の成長を為しうるのである[40]」と考える河合は、民族独立を目的とする戦争は肯定するという正戦論の立場を取る。被支配国はもちろんのこと、「他国民を隷属せしめて、何処に人格の成長があるか、若し人格成長の意志にしてあらば、独立を侵害しまい。独立によって支配国の成員は、啻《ただ》に人格成長に失う所ないばかりでなく、却って之によって人格成長の正道に戻るのである[41]」と、支配国にとってもこの種の戦争は肯定されるべきだという。こうした考えを河合が現実の日本の植民統治の問題にどこまであてはめて考えることができたのかは定かではない。石橋湛山のような植民地放棄論を展開することはなかったが、経済的文化的能力を涵養させてやがて独立させる方針を持っていたようである。

一民族一国家ということが原則であるならば、各民族に独立の意志を認めるのが当然である。しかし具体的条件を考慮すれば、その民族に独立し得る経済的文化的能力が未だ無い場合には、直ちに独立せしめる方がよいか悪いか、は問題である。殊に現在の如き強大国家間に競争があるときは、武力も経済力も弱小な被支配民族は一強国の支配を脱するとも、早晩他の強国により侵害されるであろう。特に今日の如きアウタルキー時代には経済的に自立することは至難である。されば先ず被支配民族のための特別議会を設立し、或いはその準備として地方的自治議会を設立し、経済力を涵養させて、その民族の政治的、文化的経済的能力の向上を図り、漸次終局目的なる完全独立賦与に進むべきであろう[42]。

民族独立のための戦争は肯定するものの、経済的利益獲得のための「帝国主義戦争」に対しては強く否定する。「たとえ戦争に伴う害悪はあろうとも、それはほんの一時的に止まって、勝利を占めた後に、原料を独占し販路を独占したならば、国家は富み栄えて、国民の経済生活は向上し、かくて人格成長の条件は実現する」という戦争肯定論に対して、河合は、仮に戦勝国となっても資本家と労働者の間の経済格差が広がるという理由で否定するのである。

なるほど原料、販路、投資を独占することによって、内地の産業は勃興し、労働者の就職は増加し、資本家の超過利潤の一部は労働者にも及んで、賃銀その他の労働条件は向上するだろう。その限りに於て確かにプロレタリアにとっても不利ではない。だが資本家階級の獲得する超過利潤と比較して、その軽重《けいちょう》果して何れであるか。のみならず大資本家の集中と集積とに逆比例して、中産階級はその圧迫に抵抗し兼ねてプロレタリアに没落し、資本家の海外進出は、内地に独占体が形成することを前提するから、中産階級も勤労階級も消費者として、独占価格による物価騰貴の前に立たねばならない。そこで帝国主義戦争は、国家を富み栄えさせるではあろう。〈然し国家の富の総量が増加することにはなっても必ずしもすべての階級に富が公平に分配されることにはならない〉[43]。

そして、何よりも、河合は、今後起こりうる戦争がこれまで経験したことのない、多くの生命を奪い尽くすものであることを認識していた。日中全面戦争勃発直前に筆を執った「迫りつつある戦争」（一九三七年七月）において、次に起こりうる戦争は、第一次世界大戦と同様、世界の主要国を巻き込む総力戦であり、戦勝国・戦敗国双方が深く傷つき、飛行機の発達により都市空襲が行われ、軍人でなく非戦闘員が惨禍の中心となることを指摘し、「戦争は自然的現象ではない。それを阻止することは困難ではあろうとも、人間の仕業である戦争は絶対に阻止しえないものではない」と、軍国主義のもと戦争へと流されつつある国民に向かって奮起を促している[44]。その欧州留学において第一次大戦の惨害を目のあたりにした河合は、一般的な日本人とは異なり、空襲の恐怖を実感していたのである。留学中、フランスから娘たちに宛てた絵葉書は、ノートルダム大聖堂をはじめとするランスの市街地がドイツ軍の空襲によって破壊された惨状が裏面に写真印刷されており、表面にはそこを見学した感想が次のように綴られている。

今日はドイツとの戦争がありましたリーム〔ランス〕の地方を見に往きました。方々の町や村がメチヤ〳〵に破られて居ります。鉄条網や塹壕の跡がまだ沢山あります。然し非常な勢で復旧しやうと努めて居ます。あちこちの御墓に敵も味方も一緒にあります。白い棒の立つてるのがフランス人の墓で黒いのがドイツ人です。其の御墓が一番頭に残つて居ます。(45)

多くの人間の生命自体を奪う戦争そのものは、「最高善」たる「人格の成長」を阻む以外の何物でもない。第一次大戦終結から間もない時期に、ヨーロッパを訪れ、空襲の惨状を目のあたりにした河合が、その後、政治介入して国を戦争へと追いやる軍部に激しく抗したのは当然であった。

しかし、盧溝橋事件が勃発し、衆議院で臨時軍事費や戦時諸法律が承認されると、「遵法の精神」に則り、(46)「生きるか死ぬかの闘争であって、闘争は終局まで貫徹せねばならない(47)」と、戦争支持を主張するようになる。さらに、一九四〇年九月の日独伊三国同盟締結後は、ドイツ・イタリアとの信義を守るため、アメリカ・イギリスとの戦争に踏み切るべきことを説くのである。

既に同盟を結んだ以上は、我々は自分の利害に動かされて、道徳的義務に背いてはならない。仮に同盟国を働かして、自らは濡れ手で粟《あわ》を摑《つか》もうとしたり、他人の弱味につけ込んで之と手を切ろうとすることでもあるならば、それこそ日本は利己的であり実利的だと笑われるだろう。国際間の道義は地を払ったとも云えるが、それでも一旦手を握って運命を誓った同志に、信義を反する行為を犯したならば、日本の信用は永久に地に墜ちるに違いない。祖国の利害は一時的であろうとも、祖国の生命は永遠無窮である。我々は祖国の名誉に傷を付けたくはない。否信義を裏切るのは、我々国民を道徳的に堕落させることである。（中略）日本は昨年九月此の重大な道義に、自らを置いたことを、我々国民は一刻も忘れてはならないのである。(48)

功利的な駆け引きがあたり前の国家間の外交、ましてや道義という点に全く無頓着なナチス・ドイツに対しても道徳的義務が存在すると考えること自体、河合の現実認識の甘さを示すものであろう。理想主義者が現実の社会を分析するさいに陥りがちな観念的思考がここには見られる。

その後、現実に米英との戦争に踏み切るや、河合は、国家の存亡を賭けて「自己犠牲」の精神で戦うべきことを主張するまでになる。それは、年来の人格主義が後退したからではなく、むしろ、「人格の成長」という「最高善」を果たすため、国家としての日本を崩壊させてはならないとの強い意識に基づいたものであった。

私共は日本国民と云う共同の歴史と文化と感情と利害との社会の一員である。若し異国の干渉侵略があって、私共の国家の文化と感情と利害とが脅威されるならば、私共の人格の成長はあり得ない。私共は此の場合に国家を防衛する為に、その財とその命を抛《なげう》つことを惜しまない。私も亦此の意味に於て愛国者であり、凡《およ》そ人は此の意味に於てすべて愛国者たるべきである。(49)

かつて、被支配民族における人格の成長という観点から国家の独立を支持した論理は、ここに、産業・軍事力が大きく上回る米英を相手に戦い、存亡の危機を迎えつつあった日本においてもあてはめられることになった。また、国家維持のために死力を尽くすことで、利己的な自我を克服し、結果的に自己の人格を成長させることも可能になると考えられたのである。

国家を擁護する為に自己を犠牲にする必要ある時に、ともすれば、卑怯にも之から逃避しようとする己れがあることを無視することは出来まい。国家に対してより忠誠でなければならない場合に緩慢に起ち上がることがないとは云えない。更に国内経済の安全を保つ為に禁止されている買占め売惜しみ闇取引が現に行なわれていることは、吾々の利己的一面を物語るものでなくて何であろう。（中略）我々は国家への義務に忠ならんとする自我と、それを阻止せんとする自我との対立を意識して、此の戦いに於て前の自我をして後の自我を克服せしめねばならない[50]。

そして、「最高善」のためには、自らの肉体が散るのも辞さないとの結論が導き出されるまでになる。

問うものがあるかもしれない。戦争は死を予想しなければならないが、死は万事の終りであり、教養も亦終わらねばならないかどうかと。然し死とは肉体の亡びることであって、精神の亡びることではない。肉体に執着して死を避けようとするものは、肉体を最高価値とするもので、人格を最高価値とするものではないから、若し理想主義の立場に立つならば、死を厭うことは許されない。(51)

河合における「人格」とは、「真、善、美を調和し統一した主体」であり、牧口常三郎が説いたような「利」がそこには含まれない。師の内村鑑三とは異なり、功利的価値も幾分認めていた河合であるが、祖国が危機的状況に陥るなかで、功利は否定され、道義が重視されるにいたった。しかも、その道義は、当然のことながら、日本という範囲に限ったものになっていったのである。(52)

おわりに

「人生には右せんか、左せんか迷うときがある。そんなとき自分に不利だと思われる方の道を選び給え」と教え子に説いた河合が、その言葉どおりに実践したのが、いわゆる河合栄治郎事件においてであった。河合は、一九三八年八月頃より革新右翼や軍部から「赤化教授」「人民戦線思想家」として激しく排撃されるようになるが、長与又郎東京帝大総長は、その排撃をかわすため、河合に『ファッシズム批判』の自発的絶版を警告する。長与にすれば、河合の代表的著書の自発的絶版は、学外からの大学への攻撃を緩めるだけでなく、著書発禁から休職へという最悪のシナリオを避ける善意の処置であっただろう。しかし、自己の信念に忠実な「戦闘的自由主義者」の河合は、「一歩も引けない」と長与の警告を断固として拒んだ[53]。その結果、『ファッシズム批判』以下四著が発禁処分となり、長与の後任・平賀譲総長の判断、いわゆる平賀粛学により休職処分に付され、さらに、発禁四著が出版法違反として起訴されるまでにいたったのである。

数ヶ月のうちに職を奪われるとともに刑事被告人となるまで転落したが、河合本人としては、信念の赴くままに「唯一筋の路」を貫いた会心の行動であった。しかし、それとは対照的に、弟子たちの無節操の出所進退には大いに不満を感じた。河合が休職処分に付されると、門下の山田文雄教授、大河内一男講師、木村健康、安井琢磨助手の四人は辞表を提出したが、その後、平賀総長が慰留工作を行うと、大河内と安井の二人は翻意して辞表を撤回、大学に止まったのである。師に殉じた木村によれば、元々、河合は弟子たちが自分と運命をともにすることには反対で、門下の長老格である山田教授も師の意見に従い、大学に止まるべきだと主張していたという。しかし、大河内、木村、安井の三人が、我々も職を辞して「大学の自由」への破壊に抗議すべきだと主張したので、やむなく山田も納得して、四人で辞表を提出することが決定されたという[54]。河合は、これまで、大河内と安井に対して、その学問だけでなく人格という点でも高く評価していただけに、彼らが容易に翻意したことを許せなかった。また、メディアや学生たちが概して平賀粛学に好意的であったことも、人一倍正義感の強かった河合には不満であった。大河内と安井への憤懣を次のように書き付けている。

何と云う情ない弱い態度であろう。人の事を思わないで自己のみを思う心持、情味の足りない冷さ、人間を顧みない科学者、凡そ吾々が今まで排撃して来たことが正に二人の進退に現われているのだ。（中略）弱く、動き易い、大勢に浚《さら》われるものが、どうしてかくも多いのであろう。教育者の中に、而も吾々の仲間から之が現われた、又何をか云わんやだ。平賀再建は道義に見棄てられた再建だ、師を欺《あざむ》き友に叛《そむ》いた教育者を集めて出来た再建だ、之で大学が保つであろうか、之で教育が出来るであろうか。(55)

自己と門下の進退問題を通じて、国民における道義心の弛緩と衰退を強く意識した河合は、米英との戦争という我が国未曾有の危機を迎えるなかで、一層、道義的価値観の重要性を強調するようになっていったのである。社会科学者として敵国の産業・軍事力の強大さを知り尽くしている河合には、祖国の敗戦は必定であった。であれば、敗戦後における祖国の復興こそが最大の焦点となる。「勇敢に自己の信念の上に立って戦ったものは、たとえ敗れても精神的に成長する」(56)というように、敗戦必至であっても信念の赴くまま精一杯戦うことで、精神的な亡国は避けられ、戦後の復興につなげることができる。戦時中、自己犠牲を主張するようになっていったのは、戦後の復興を見据えてのことゆえであった。しかし、むなしくも、敗戦の一年半前に急逝、祖国の復興を担うという念願は遂に叶わなかったのである。

（1）河合の生涯については、拙著『河合栄治郎―戦闘的自由主義者の真実』（中公新書、二〇〇九年）を参照。
（2）「河合榮治郎・言行録《3》」『河合榮治郎全集月報』一六、社会思想社、一九六八年十二月、五頁。
（3）「学生時代の回顧」一九三六年十二月、『河合榮治郎全集』第一七巻、一九六八年、一五七～一五八頁。
（4）河合栄治郎「戦と愛と」『雄弁』一九一七年十二月号、五九～六〇頁。
（5）拙稿「河合榮治郎と柏会」河合榮治郎研究会編『教養の思想』社会思想社、二〇〇二年、二六〇～二六一頁。
（6）『河合榮治郎全集』第一四巻、一九六七年、一五六～一五七頁。
（7）猪木正道「リベラリスト・ミリタント」社会思想研究会編『河合榮治郎　伝記と追想』社会思想研究会出版部、一九四八年、三四二～三四三頁。
（8）猪木正道「恩師・河合栄治郎先生」『河合栄治郎研究』昭和六二年度、一九八八年二月、一五～一六頁。
（9）『阿部次郎全集』第三巻、角川書店、一九六一年、一九四頁。
（10）「個人成長の問題」一九三七年十二月、『河合榮治郎全集』第一八巻、一九六八年、一二三頁。
（11）同右、一八頁。
（12）『学生に与う』『河合榮治郎全集』第一四巻、五三～五四頁。
（13）「戦いの将来を懐う」一九一五年三月、『河合栄治郎全集』第一六巻、一九六八年、二九七頁。
（14）小野塚喜平次『政治学大綱　下巻』博文館、一九〇三年、一四八頁。
（15）同右、一五〇～一五一頁。
（16）四条隆英宛河合栄治郎書翰、一九一六年二月二十七日。
（17）『労働問題研究』『河合榮治郎全集』第一〇巻、一九六八年、二九五頁。
（18）同右、三四五頁。
（19）同右、三八〇頁。
（20）同右、二七一頁。
（21）同右、三一一頁。

(22) 河合栄治郎「労働問題に就て」『政友』一九一九年七月十五日号、四二頁。
(23) 前掲『労働問題研究』二六三頁。
(24) 同右、三三三頁。
(25) 『社会思想史研究』『河合榮治郎全集』第四巻、七八頁。
(26) 同右、九六〜九七頁。
(27) 同右、一一九頁。
(28) 『改訂・社会政策原理』一九三五年、『河合榮治郎全集』第三巻、一九六八年、七二〜七三頁。
(29) 同右、二二六〜二二九頁。
(30) 同右、二三七頁。
(31) 同右、二四七頁。
(32) 同右、二五一頁。
(33) 同右、二五〇頁。
(34) 同右、二五二頁。
(35) 「二・二六事件に就いて」一九三六年三月、『河合榮治郎全集』第一二巻、一九六八年、四六頁。
(36) 「時局に対して志を言う」一九三六年六月、『河合榮治郎全集』第一二巻、五三頁。
(37) この襲撃事件が一般に知られるのは、一九三七年五月十八日の記事解禁以降のことであるが、河合は襲撃翌日に美濃部を見舞っていた。「日記」一九三六年二月二十二日条、『河合榮治郎全集』第二三巻、一九六九年、八〇頁。
(38) 『河合榮治郎全集』第二三巻、八〇頁。
(39) 前掲「二・二六事件に就いて」四五頁。
(40) 「国際的不安の克服」一九三四年十月、『河合榮治郎全集』第一一巻、一九六七年、一六三頁。
(41) 同右、一六四頁。
(42) 『自由主義の歴史と理論』一九三四年、『河合栄治郎全集』第九巻、一九六九年、一五〇頁。
(43) 前掲「国際的不安の克服」一六五頁。〈 〉内は発表当時、伏字。
(44) 「迫りつつある戦争」『河合榮治郎全集』第一九巻、一九六九年、二六七〜二六八頁。
(45) 河合純子・潔子・尚子宛河合栄治郎書翰、一九二三年一月十一日。小泉陽子氏蔵。〔 〕内は引用者注。

(46) 河合の「遵法の精神」に関しては、拙稿「戦闘的自由主義者としての河合栄治郎」行安茂編『イギリス理想主義の展開と河合栄治郎』(世界思想社、二〇一四年)を参照。
(47) 「時局・大学・教授」一九三八年四月、『河合榮治郎全集』一九巻、一六四頁。
(48) 『国民に愬う』一九四〇年、『河合榮治郎全集』第一四巻、三一三頁。
(49) 「教養と祖国愛」一九四二年二月、『河合榮治郎全集』第一九巻、二五三頁。
(50) 同右、二五五頁。
(51) 同右、二五四頁。
(52) こうした戦時期のナショナリスティックな言動に、河合の自由主義思想の後退を指摘する研究(岩本典隆『近代日本のリベラリズム─河合栄治郎と永井柳太郎の理念をめぐって』文理閣、一九九六年)があるが、上田美和の指摘(『自由主義は戦争を止められるのか─芦田均・清沢洌・石橋湛山』吉川弘文館、二〇一六年)にもあるように、時代の傍観者にはなりえない自由主義者においては、それは当然の帰結であっただろう。河合門下の関嘉彦は、戦後、オクスフォード大学での研究会にて、「自分は対米英戦争は日本にとって生か死かの戦いだと考えて自ら志願して戦地に赴いた、しかしそれは日本国民として当然ではないか」と発言し、イギリス人研究者からも賛同を得られたという(関嘉彦『私と民主社会主義』日本図書刊行会、一九九八年、一八一~一八二頁)。
(53) 「日記」一九三八年九月十八日条、『河合榮治郎全集』第二三巻、九七頁。
(54) 木村健康「河合榮治郎の生涯と追想」前掲『河合榮治郎　伝記と追想』一〇三~一〇四頁。
(55) 「昨今の心境」一九三九年三月、『河合榮治郎全集』二〇巻、一九六九年、一一三~一一四頁。
(56) 前掲『国民に愬う』二九五~二九六頁。

第八章　石橋湛山の小日本主義

はじめに

東洋経済新報社という職場の関係上、理想主義的人生観を有しながら、経済評論家として活躍したのが、石橋湛山（一八八四〜一九七三）であった。これまで、小日本主義と呼ばれる湛山の経済・外交思想に関しては、道義的色彩が薄く、功利主義的であるとの指摘があったが[1]、近年の湛山への関心の高まりは、その研究を多方面へと進展させ、彼の本質が理想主義者であったことを明確にしつつあるように思える。

二〇〇七年に、ＮＨＫの人気番組「その時歴史が動いた」で取り上げられ、ゆかりの地・甲府市には「山梨平和ミュージアム―石橋湛山記念館」が設立された。二〇一三年には、湛山研究の進展を目的として「石橋湛山研究学会」が創設された。上田美和『石橋湛山論―言論と行動』（吉川弘文館、二〇一二年）、姜克實『石橋湛山』（吉川弘文館、二〇一四年）、増田弘『石橋湛山―思想は人間活動の根本・動力なり』（ミネルヴァ書房、二〇一七年）等の重厚な研究書も相次ぎ出版されている。
ここでは、既存研究を参考にしつつ、彼の思想形成を踏まえた上で、その小日本主義の特徴を明確にしていきたいと思う。

1 「有髪の僧」

湛山が、のちに日蓮宗の管長を務めることになる杉田湛誓《たんせい》（のちの日布《にっぷ》）を父として生まれ、幼少の頃より高僧・望月日謙《にちけん》に預けられたのは周知の事実であるが、自らを「有髪の僧」あるいは「日蓮門下の末席をけがす一人」と称するように、その根源的な精神には日蓮仏教の影響があったと考えられる。井出孫六は、「子供のころに、もう肉体的に日蓮宗がしみついていたのではないかという気がするんですよね」「彼の中には、やはり日蓮宗がずうっと続いたと思いますね」と述べている(2)。増田弘も「この世に誕生以来、実父と養父を介して日蓮宗の教義をあたかも空気のごとく摂取しつつ成長した」と指摘している(3)。また、近年、日蓮宗宗門においても、湛山と日蓮仏教の関係に注目している(4)。

湛山における日蓮仏教の受容を明確にする上で、師・望月日謙の日蓮理解を考察することは欠かせない(5)。湛山は十歳から十八歳の多感な時期を日謙が住職を務める日蓮宗の古刹・長遠寺《じょうおんじ》で過ごした。日謙は、一九三二年には総本山身延山久遠寺八十三世法主に、三六年には日蓮宗管長にまで上り詰める近代日蓮宗を代表する高僧であるが、交流のあった徳富蘇峰は、「所謂象牙の塔に閉ぢこもつてゐるやうな事はなく、進んで時代の先頭に立たうと努め」た「現代に活きた宗教家」と評している。[6] 湛山が長遠寺に預けられていた一八九九年頃、日謙は、山梨県下の他宗派の僧侶と山梨仏教会を組織し、「盛に仏教大合同運動の推進力として挺身」していたという。[7]

そうした他宗派への寛容性は、日興の身延離山以降、六百年にわたって対立して来た日興《にっこう》門流（日蓮正宗）にも及んでいた。一九三四年に行った講演「日蓮聖人と日本精神」において、望月は日興筆の『三時弘教次第《さんじぐきょうしだい》』の「先王正直の徳を行へば、則ち四方の衆国皆法則に随従するなり」という文章を引用し、日蓮仏教の普遍性を主張している。[8]『三時弘教次第』は、日蓮正宗総本山大石寺第五十九代法主であった堀日亨《にちこう》が大石寺蔵一紙の古写本から写し取ったものであり、一九三六年発刊の『富士宗学要集　相伝・信条部』で公にされたものである。日亨は、一九二五年、日蓮宗系の立正大学の特別講座において「日蓮正宗部」を担当しているので、[9] そのさいにでも、日謙は『三時弘教次第』の存在を知ったのかもしれない。ここに、宗門教学の狭い枠にとらわれることなく、祖師日蓮が説いた仏法の真実に迫ろうとした、日謙の自由な研究姿勢を窺うことができる。

日蓮宗管長となった日謙は、江戸時代の寺請制度以降の形骸化した宗風を改め、祖師・日蓮の純粋な弘教精神への復活を目指した。管長就任直後の三七年二月には、「日蓮聖人降誕の意義」と題して、仏教界初の国際放送を行い、世界に向けて、「正しい信仰、正しい宗教に依らなければ、国家の興隆を期する事は出来ない。正しい宗教は法華経より外にはない」と訴えたのである。[10] 日中全面戦争から「大東亜戦争」へと突き進み、超国家主義者の象徴として日蓮が祭り上げられていく時期に日蓮宗のトップとなった日謙であるが、国家総動員法公布の直前には、「世界教化の精神と日蓮聖人」と題する論文を発表、「吾が日蓮聖人の宗教は、いはゆる単なる国家主義ではない。国家権力に対する迎合的な宗教ではない。正理正義を先とし大義名分を根幹と致します(11)」と主張した。そして、「月は西より東に向へり、月氏《がっし》の仏法の東へ渡るべき相也。日は東より西へ入る。日本の仏法の月氏へかへるべき瑞相也《ずいそうなり》」（『諫暁八幡抄《かんぎょうはちまんしょう》』）などの日蓮の遺文を引用したり、日蓮から海外布教の志を託され中国大陸にまで渡り弘教を展開した日持《にちじ》の足跡を紹介して、「世界教化の精神こそ、吾が日蓮聖人の信仰に基づかねばならぬと信じ老躯《ろうく》を捧げて微力を尽しをる次第であります(12)」と、全世界を舞台に弘教する決意を披瀝したのである。実際、その門下からアメリカの開教師として活躍した者や東京で英語教師になった者がいたらしく、これらを受けて、渡邊寶陽は、「いろんな人を抱えて、大きな日蓮宗にしていかなければならないというのが、日謙師の考えだったのではないでしょうか」と述べている(13)。「日蓮が一類は異体同心なれば、人人すくなく候へども大事を成じて、一定《いちじょう》法華経ひろまりなんと覚へ候(14)」との日蓮の教えのように、日謙は、各人がそれぞれの個性や特質を生かしていくことで法が広まると考えており、そうした弘教精神がある限りにおいて僧俗の違いに固執しなかったようである。

　長遠寺に居た頃、湛山が執筆した「消夏随筆」（一九〇一年十月）から、日謙の影響の大きさを窺い知ることができる。最終学年生として中学の『校友会雑誌』に掲載したこの論文のなかで、「高遠至大なる教理を有する」「世界の大宗教に違いない」と仏教を賞讃する一方で、「すでに墓の外、葬式の他には、実力を失ふた」「実に、今日の仏教僧などは、却て仏教をつぶす悪魔である。仏教の敵は外教でも果た科学でもない、自分の味方の様な顔をして居る飼犬なのだ(15)」と、葬式仏教に甘んじ弘教精神を失った現代の僧侶に対して痛烈な批判を展開する。そして、「あんな伽藍《がらん》だの、墓場だの、また其の腐敗僧侶だのを離れた真正の仏教、其の広大無辺なる慈悲の光明が此の迷の世界を照らすのを切に希ふものである(16)」と主張し、理想的な仏教者として日蓮を論じる。

○吾れは、其〔過去の偉大な仏教家〕中でも日蓮上人を崇める。上人は実に血と涙とで出来た様な人であツた。四箇《しか》の大難、かづ〱の小難に挫けず、遂に日蓮法華宗を弘通したる其の有様、実に、吾れ吾れ薄志弱行の士の教訓になる。其著開目鈔《かいもくしょう》に、

善につけ、悪につけ、法華経をすつるは地獄の業なるべし、大願を立てん、日本国の位をゆづらん、法華経を棄て観経等について往生《（ママ）》を期せよ、父母の頭《（ママ）》を刎《は》ねん、念仏申さずばなんど、の種々の大難出来すとも智者に我が義やぶられずば、用ゐじとなり、其外の大難、風の前の塵なるべし、我れ日本の柱とならん、我れ日本の眼目《がんもく》とならん、我れ日本の大船《たいせん》とならん、等とちかひし願、やぶるべからず

とは、以て其霊海の偉人たるを知るに足るべきか。

○吾れは、斯の様に血と涙とを以て、国の為めに尽す様な人物を是非現今日本の社会へ欲しい、

宗教界にせよ、政治界にせよ。[17]

ここに引用された『開目鈔』のいわゆる「三大誓願」を明記した文章は、その後、湛山が機会あるごとに言及するものである。たとえば、日中全面戦争下の総動員体制が強められ、思想・言論の自由が奪われつつあるなかで、湛山は自らが社長を務める東洋経済新報社の社員会にて、この「三大誓願」を引用し、「私は自分の正しいと信ずる主張、言説の為めに、今後如何なる圧迫、艱難が身の上に降りかかって来ようとも、之は甘んじて受けるつもりです[18]」との決意を語っている。湛山の不撓不屈の自由主義的言動を背後で支えていたのは、若き日に日謙のもとで体得した日蓮の革命的な弘教精神であったといえるだろう。

湛山は中学を卒業すると、長遠寺を出て上京、早稲田大学で哲学を学ぶ。その後、東洋経済新報社に入社、文芸や思想を論評する月刊雑誌『東洋時論』の編集に従事する。父や師のように僧侶にはならなかったものの、「もともと宗教家として働くつもりで、ために学校でも哲学科を選んだ。東洋経済新報社に入社したのも、『東洋時論』の編集のためであって、経済記者としてではなかった。私は今でも有髪の僧のつもりであって、職業は別の世界に求めたとはいえ、宗教家たるの志は、いまだこれを捨てたことはない[19]」と回想しているように、日蓮門徒としての意識を常に持っていたようである。

そして、その生涯に及ぶ文章の節々から、日蓮の弘教精神だけでなく、その教理からも大きな影響を受けていたことがわかる。戦後、政治家に転身して選挙運動で有権者に頭を下げる行為に割り切れなかった湛山は、法華経常不軽品《じょうふきょうほん》に登場する不軽菩薩の行動を思い起こすことで納得する。「常不軽は、すべての人にそなわる仏性を礼拝し、その仏性の自覚を各人に促さんと努めたものといえよう。／私が今選挙のため、すべての人に頭を下げて歩くのも、またこの常不軽の行であろう。われわれは、それらの人々が持つ一票の尊貴なるゆえんを、広く自覚してもらうためである」[20]という。日蓮は、龍口の法難の頃から、迫害を受ける我が身をこの不軽菩薩に重ねるようになり、しばしば言及するにいたる。[21]周囲の嫉妬から身の危険にさらされていた門下の四条頼基《しじょうよりもと》に向かい、「一代の肝心は法華経、法華経の修行の肝心は不軽品にて候なり、不軽菩薩の人を敬いしはいかなる事ぞ。教主釈尊の出世の本懐は人の振舞にて候けるぞ[22]」と注意を促している。僧俗・男女の別なく、一切衆生に仏性を認め、迫害を受けながらもそのことを説いて聞かせた日蓮の言動を背後で支えていたのは、こうした不軽菩薩の教えであった。「周囲に対して勝れて思いやりの深」い日謙[23]と接するなかで不軽菩薩の精神が自然と身体に染み込んでいき、湛山特有の人を疑うことのない性格を形成していったといえるかもしれない。湛山は自分の性格について、「ある人は僕を評して、楽天家すぎるといったが、たしかにそうだ。僕には他人を疑うことはできぬ。だれでも道理をもってすれば説得しうると信ずるくせがある」と述べている。[24]

それから、戦後の湛山は、冷戦体制のなかで世界平和への打開策として「日中米ソ平和同盟」構想を提唱するが、これを実現する態度として、「東洋には『一念三千』ということばがある。仏教の中の教えだが、すべてのものが自分の考え一つで、仏を念ずれば仏になり、鬼を念ずれば鬼になる。いま。世界に平和をもたらすのも、動乱のるつぼに投げ込むのも、人間の心一つにかかっている」(25)と、仏教の一念三千説を主張する。

一念三千説は、もともと六世紀中国の高僧・智顗《ちぎ》（天台大師）の『摩訶止観《まかしかん》』のなかで展開された理論であるが、日蓮はそれに独自な解釈を行い、自らの法門の核心に据えた。智顗の一念三千説は、我々迷いの衆生の心がとりも直さず三千世間としてその構造を示された実相そのものにほかならないことを観察する、すなわち我々が究極的に悟るべき真理がいかなるものであるかを示したものであるが、日蓮はこうした智顗の解釈を継承しながら、より端的に、一念三千説が一切衆生の成仏得道の原理であることを指摘した(26)。また、日蓮の場合、「一念三千は十界互具《じっかいごぐ》よりことはじまれり」（『開目鈔』）、「一念三千は九界即仏界、仏界即九界と談ず」（『撰時抄』）というように、十界互具を衆生の成仏を可能にするものとして重視したという(27)。仏界と一念三千説を結びつけていることからも、湛山のいう一念三千説は、日蓮の解釈によるものであったことはほぼ間違いないだろう。十界互具とは、地獄界《じごくかい》・餓鬼界《がきかい》・畜生界《ちくしょうかい》・修羅界《しゅらかい》・人界《にんかい》・天界《てんかい》・声聞界《しょうもんかい》・縁覚界《えんかくかい》・菩薩界《ぼさつかい》・仏界《ぶっかい》の十界の各界が互いに十界を具えていると説く、法華経特有の理論である。日蓮は『一大聖教大意』のなかで十界互具について次のように説く。

法華経已前之諸経は十界互具を明さざれば仏に成らんと願ふには必ず九界を厭ふ。九界を仏界に具せざるが故也。されば必ず悪を滅し煩悩を断じて仏には成ると談ず。凡夫の身を仏に具すと云はざるが故に。されば人天悪人之身をば失ひて仏に成ると申す。(中略)法華経已前には但権者の仏のみ有つて実の凡夫が仏に成りたりける事は無き也。煩悩を断じ九界を厭ふて仏に成らんと願ふは、実には九界を離れたる仏無き故に、往生したる実の凡夫も無し。[28]

つまり、法華経以外の経典では、悪や煩悩といった凡夫の生命を完全に断ち切らない限り仏になれないが、法華経では、悪や煩悩を持った凡夫の身のままで一念の変革によって成仏できるというものである。おそらくは湛山がこの十界互具の教理を念頭に置いて書いたと思われるのが次の文章である。

若し此の世の中の人が、生れながらにして皆着なく、執なく、従って此の世の中から利も、名も、恋も無くなったら、人生は最早生きたる人生でなくして、礦物界と異らざるに至るであろう。斯くて記者は常に思う、罪悪は好むべからざるも、亦人生の華でもあると。(中略)我々は常に名聞名利に執着し、同胞相食む罪悪を犯す、而してハッと気付いて、それを克服する。ここに人は其生甲斐を感ずるのである。[29]

また日蓮は、「人のために火をともせば、我がまへあきらかなるがごとし[30]」というように自他不二の教えを説く。それは、「人助けは自分のためにする」という自利を強調した、凡人でも実践できる「民衆のための自他不二」であり、利他を強調する道元の自他不二説とは対照的であるとの解釈がある(31)。

湛山は道徳について次のように述べている。

> 然らば道徳とは如何なるものか。吾輩の意見に依れば、道徳的行為とは、我々に最も多くの利益を其の場合に於いて与うる行為を其の場合に指して云うのである。我々に利益を与えない行為、若しくはモッと進んで我々に損害を与うる行為の如きは固より道徳にかなった行為ではないのみならず、非常の不道徳である。（中略）人は利己の立場を離れては何事も為すことは出来ない。此の点に於いて道徳だろうが、宗教だろうが、政治だろうが、経済だろうが、少しも変りはない(32)。

ここに日蓮の自他不二説の影響を見ることは容易であろう。

そして、湛山思想の特徴は、後述する「大日本主義の幻想」に象徴されるように、楽観的というべき世界平和への強い確信にあるが、これも、日蓮仏教からの影響が大きいと考えられる。「大集《だいじっ》経《きょう》の白法隠没《びゃくほうおんもつ》の時に次で法華経の大白法の日本国竝《ならび》に一閻浮提《いちえんぶだい》に広宣流布《こうせんるふ》せん事も疑うべからざるか(33)」や「日は東より出で丶西を照す。仏法も又以て是の如し（中略）末法には東より西に往く(34)」というように、日蓮は末法における法華経が世界に広まることは道理であると強く信じていた。こうした日蓮の力強い確信が湛山にも伝染したものと考えられる。たとえば、東洋経済新報社に入社した一九一一年に、すでに、二十世紀中に戦争という生存競争の方法が消滅するとの大胆な予測を行っている。

されば弱肉強食、生存競争ということは生物界に伴う宿命的の事実であるとしても、若し戦争と云う形式に於て、此生存競争を無制限に行わしむることが、却って我々人類の生存を危くする所以であって、楽しむべきことでないと云うことが判ったならば、勿論人間には之れを禁止するだけの能力はあるのである。（中略）人類の生存競争の方法は、戦争以外に於ては、非常に変化した。否、古は腕力的争闘が人類唯一の生存競争の方法であったのであるが、それが段々と他の方法に変って来て、腕力的争闘の之に用いらるる範囲は著しく狭められ、今は文明国の間に於ては唯だ国民と国民との利害の相衝突した場合に於てのみ稀に用いらるるに過ぎないと云う迄になったのである。
斯くて吾輩は武力的戦争は必ず早晩我が人類界から其の跡を絶たなければならぬものであると信ずる。而して其は恐らくは此の第二十世紀の間に来るべき変化であるであろうと思う。吾輩には何《ど》うしてもそう思われる。(35)

武力による生存競争が消滅するとの楽観論は、前述したように、一九〇三年発行の『人生地理学』において牧口常三郎がすでに主張していたものであるが、牧口が後年日蓮仏教に帰依することになるのは極めて興味深い。

2　植民地放棄論

人類による戦争放棄や世界平和の到来を強く確信する湛山は、第一次世界大戦の勃発にさいして独特な見解を示した。それは、交通の発達に伴い世界人類が一つの利害関係を構築する「新しき生活の様式」が実現しつつあるのに、一地方の利害を調整するに過ぎない国家が分立した状態が存続しているため、そこに齟齬が生じて「時代錯誤の戦争」が起こったというものであった。[36]そして、第二次大隈重信内閣が中国の袁世凱政府に二十一ヶ条の要求を突きつけたことに対しては、全否定するだけでなく、獲得したばかりの青島をはじめとする我が国の海外における利権をすべて放棄すべきことを主張する。

吾輩は寧《むし》ろ此の際青島も還したい、満州も還したい、旅順も還したい、其の他一切の利権を挙げて還したい、而して同時に世界の列国に向っても、我が国と同様の態度に出でしめたい、而して支那をして自分の事は自分で一切処理するようにせしめたい。日本の為め、支那の為め、世界の為め、之れに越した良策は無い。而して今は其の絶好の機会だ。我が国民は、何故、此の高処に眼を着けないのであろう。(37)

こうした植民地放棄論および帝国主義批判は、一九一一年頃から、東洋経済新報社の先輩・植松考昭《ひさあき》や三浦銕太郎《てつたろう》によって展開されていたものであった。特に、湛山を入社に導いた直接の上司であった三浦の主張は、経営負担、貿易額の衰滅、人口問題の無解決という経済上の有形的利益からのみ植民地の不利益を説いた植松の限界を乗り越え、国防上、国際関係、国内政治論等の多角的な観点から帝国主義を批判したものであった。しかも、三浦は、帝国主義の没落を世界史的趨勢として捉えていたのである。(38) 湛山の植民地放棄論がこうした三浦の主張に倣ったものであることは確かであるが、湛山の見解には、「日本の為め」という功利的視点だけでなく、「世界の為め」という道義的視点が含まれていた。

早稲田大学在学中に湛山に多大な影響を及ぼした田中王堂も、第一次大戦中、帝国主義を批判する論文「予が国民主義の主張」(一九一五年六月)を発表している。それは、「或る国が政治上の主権を失ふといふことは、其の国の文明と国民性とを失するといふことになり、随つて、凡べての物が、其れの自由な、自然な発達を阻害されるといふことになるから恐ろしいのである(39)」と、大戦後にレーニンやウィルソンによって唱えられる民族自決主義を先取りする考えを主張するとともに、次のように、道義と功利の観点から帝国主義を批判するユニークなものであった。

世人の多くは、自国の経済状態を発展するためには、あらゆる陰険な手段に愬《うった》へて、どの位、他の国民の文明や、国民性を破壊し、世界の正義の標準を低落せしめても宜いと考へて居るやうであるが、私は、それは、他の国民の文明や、国民性を尊重しながら、其れを利用し、世界の正義の標準を向上せしめるやうに為され得るものであるし、又、さう為すべきものである、そして、さうすることは、結局、自国の利益であると考へるものである。(40)

前述したように、王堂哲学においては、自己の利益を追求するという功利的行為は、世のため人のためという道義的行為と調和されねばならないものであった。文明批評家を自称していた王堂は、国際情勢も、そうした自前の哲学に基づいて考察したのである。「理想は欲望を排斥すること に依らず、其れを尊重し、擁護しながら、其れを深化し、醇化して行くことに依つてのみ、始めて実現されるのである」(41)という王堂の欲望統整の哲学に、おそらく湛山は日蓮の一念三千論や自他不二説と共通のものを見出したことであろう。早稲田在学中に王堂と接するなかで王堂流の欲望統整の哲学を身につけ、言論人となってからはその哲学に立脚して独特な評論を展開することになったのである。

湛山が言論人・思想家として最も高い評価を得てきた論文の一つが、「大日本主義の幻想」(一九二一年七~八月)である。湛山の小日本主義を象徴するこの論文は、アメリカのハーディング大統領の招請により、ワシントンにおいて大戦後のアジア・太平洋の新秩序を話し合う会議の開催が決定されたのを受けて、その会議に臨むべき日本の態度を論じたものである。ワシントン会議開催の真意が、第一次大戦中に東アジアでの権益を拡げた日本の帝国主義に歯止めをかけようというものであったことは明白であり、日本政府やマスメディアはその対策に苦悩することとなった。そうした状況のなかで、湛山が主張したのは、日本の国策を大日本主義から小日本主義に大きく転換して、すべての植民地を放棄するという前代未聞のものであった。しかも、それは単なる空論ではなく、数学的な裏付けを伴う合理的建設的な見解であった。

まず、最新のデータである一九二〇年の朝鮮、台湾、関東州との貿易額（移出額と移入額の合計）をそれぞれ呈示して、アメリカ、イギリス、インドとの貿易額と比較する。すなわち、朝鮮、台湾、関東州の三地の移出入の合計額は九億一千五百万円であり、アメリカに対する輸出入の合計額十四億三千八百万円に到底及ばない。また、インドに対する輸出入の合計額は五億八千七百万円、イギリスに対しては三億三千万円であり、朝鮮（三億一千二百万円）、台湾（二億九千二百万円）、関東州（三億一千万円）のいずれも、イギリスに対する商売にさえ及ばないと指摘し、「貿易上の数字で見る限り、米国は、朝鮮台湾関東州を合せたよりも、我れに対して、一層大なる経済的利益関係を有し、印度、英国は、夫々《それぞれ》、朝鮮台湾関東州の一地乃至二地に匹敵し若しくはそれに勝る経済的利益関係を、我れと結んでおるのである。若し経済的自立と云うことを云うならば、米国こそ、印度こそ、英国こそ、我経済的自立に欠くべからざる国と云わねばならない[42]」との結論を導き出す。

さらに、エコノミストとしての専門的知識を生かし、日本の植民地における資源についても触れる。日本の工業上、最も重要なる原料は棉花であり、それはインドとアメリカからの輸入に頼っている。日本人の主食の米にしても、主にフランス領インドシナやタイから来るのであって、朝鮮と台湾からの輸入は合わせても二、三百万石程度に過ぎない。「石炭にせよ、石油にせよ。鉄にせよ、羊毛にせよ、重要と云う程の物で、朝鮮、台湾、関東州に、其供給を専ら仰ぎ得るものは一もない[43]」とまでいう。では、過剰人口の捌け口としての価値はどうか。最新の調査に基づき、台湾、朝鮮、樺太などの植民地およびその他の移住者の総計を八十万人弱とはじき出す。日本内地の人口六千万人と比較し、移住することでの「有形無形の犠牲」はそれに見合わないと指摘、「海外へ、単に人間を多数に送り、それで日本の経済問題、人口問題を解決しようなど云うことは、間違いである[44]」と主張する。経済的利益を考慮すると、労働者を海外に送るのではなく、資本を外国の生産業に投じて間接的に経営する方が正しい。「要は我れに其資本ありや否やである。而して若し其資本が無いならば、如何に世界が経済的に自由であっても、また如何に広大なる領土を我れが有しても、我れは、そこに事業は起せない。殆ど何の役にも立たぬのである。然らば則ち我国は、孰《いず》れにしても先ず資本を豊富にすることが急務である[45]」という。

では、国防的価値はどうか。「日本の本土の如きは、只遣《や》ると云うても、誰れも貰い手は無い」「若し米国なり、或は其他の国なりが、我国を侵略する虞《おそ》れがあるとすれば、そは蓋し我海外領土に対してであろう」と推測し、植民地を持っているからこそ国防の必要が生じるのであり、それは「我国防の垣」などではなく「最も危険な燃草」とまで述べる[46]。

このように植民地を持つことが経済的軍事的観点から不利益であることを実証した上で、次のような結論を導き出すのである。

我国が大日本主義を棄つることは、何等の不利を我国に醸《かも》さない、否啻《ただ》に不利を醸さないのみならず、却って大なる利益を、我れに与うるものなるを断言する。朝鮮、台湾、樺太、満州と云う如き、僅かばかりの土地を棄つることに依り広大なる支那の全土を我友とし、進んで東洋の全体、否、世界の弱小国全体を我道徳的支持者とすることは、如何ばかりの利益であるか計り知れない。若し其時に於て尚お、米国が横暴であり、或は英国が驕慢であって、東洋の諸民族乃至は世界の弱小国民を虐ぐるが如きことあらば、我国は宜しく其虐げらるる者の盟主となって、英米を膺懲《ようちょう》すべし。此場合に於ては、区々たる平常の軍備の如きは問題でない。戦法の極意は人の和にある。驕慢なる一、二の国が、如何に大なる軍備を擁するとも、自由解放の世界的盟主として、背後に東洋乃至全世界の心からの支持を有する我国は、断じて其戦に破るることはない。若し我国にして、今後戦争をする機会があるとすれば、其戦争は当《まさ》に斯くの如きものでなければならぬ。而かも我国にして此覚悟で、一切の小欲を棄てて進むならば、恐らくは此戦争に至らずして、驕慢なる国は亡ぶるであろう(47)。

第一次大戦後、民族自決主義が世界に浸透していくなか、西洋列強に先んじて帝国主義を放棄し、

「自由解放の世界的盟主」としての役割を担うというのが、湛山の思い描く日本の使命であった。それは、軍事・経済大国路線から道義・経済大国路線への転換であった。道義に基づく行為を貫くことで、功利的に得る所が大きい。あるいは、功利を追求していくことがそのまま道義に適う行為となる。功利と道義が見事に調和した論理をここに見出すことができよう

　こうした植民地放棄論は、満洲事変直後まで唱え続けられるが、「満洲国」が成立し、それを国民が熱狂的に受け入れるようになると、「善にせよ、悪にせよ、既にここまで乗りかかった船なれば、今更棄て去るわけには行かぬ[48]」「所謂自己防衛の為に、せめては満蒙に経済的立場を作らんと急《あせ》るも決して無理でないではないか[49]」と、揺らぎ始める。しかし、それは、「自由解放の世界的盟主」としての役割そのものを放棄したわけではない。満洲国成立直前のジュネーブ軍縮会議の開催にさいしては、「世界多数の（少数の強国民は除き、虐げられたる多数の）人類の希望と、我国の天然及歴史的位置とが、我国に命ずる公道だ」といい、「米国や、英国が、軍備縮少を唱うるこそ幸だ。我国は僅かばかりの我軍備の維持に執着せず、進んで、世界列国の軍備の全廃を求めようではないか」と、世界に率先して平和主義を実行すべきことを主張した[50]。「我国の天然及歴史的位置」から「公道」を導き出す論理は、内村鑑三『地理学考』や牧口常三郎『人生地理学』に共通するものである。湛山は、日本の歴史を振り返り、明治以前においては、神功皇后の三韓征伐、元寇、豊臣秀吉の朝鮮出兵の三度しか対外戦争を行っていないこと、さらには、徳川時代の鎖国政策を取り上げ、「日本人には、海外に移住する力は乏しいが、其代り国内に於て平和の産業を営み、それを発展せしめて、

貿易に従事する能力は著しく大きい」と指摘する。[51]日本がそうした「公道」を貫くことは、やがて国際性を帯びざるをえないという経済の本質に合致していると考えたのであろう。日満ブロック経済をはじめとして、世界的に広域経済圏の形成が進められるなかで、湛山は次のように経済の本質について論ずる。

私は、経済は、其本質から云うて、次第に其単位を拡張すべきものだと考える。即ち一家から、一村、一地方、一国、而《しか》して全世界にと云うように。何となれば経済とは、要するに分業及協業に依りて、各人の労力を最も効果的に利用し、以て各人の生活の向上を図らんとする欲望に基いて起れる思想乃至行為である。然るに分業及協業は、若し事情が許すならば、成るべく多くの異った人及地域を一体として行うことが有利である。（中略）一家を更に拡げて一村、一村を更に拡げて一郡、一郡を更に拡げて一県、一県を更に拡げて一国と云う風に、其分業協業に参与する人と地域とを多くすれば、それだけ益々各人の努力の効果を大にし、生産の量と種類とを豊富にする。併しそれには通信、交通、運輸等の機関が、広き地域と人数とに亘って、分業協業を可能ならしむるだけに発達しなければならぬ。然るに幸にも現代は、其等の機関が、実に一国内のみでなく、世界列国の間に発達した。（中略）斯う云う世の中に於ては、経済は、其本質上何うしても国際的なるべき筈である。[52]

「各人の労力を最も効果的に利用し、以て各人の生活の向上を図らんとする欲望」に従い、経済はその単位を全世界にまで広げざるをえないというのが、湛山の持論であった。これは、今日のグローバリズムの考えにつながるものでもある。

3 「大東亜共栄圏」論

そして、湛山思想の特徴をよく示すものとして、「大東亜共栄圏」に関する発言をあげることができる。言論・思想の自由が制限された戦時体制下で間接的な言い回しを展開せざるをえなかったという事情もあり、その真意ははかりづらく、しばしば誤解されてきた。森武麿は、戦時下の抵抗がいかに困難であったかの一例として、小日本主義を主張してきた湛山が「満州国が成立すると事実上容認し、三国同盟路線には賛成し、大東亜共栄圏を熱狂的に支持する」ようになったと指摘する(53)。

周知のように、「大東亜共栄圏」という用語は、松岡洋右外務大臣が一九四〇年八月一日の談話にて初めて公表したものである。松岡は、七月二十六日閣議決定の「基本国策要綱」中の「皇国の国是は八紘《はっこう》を一宇《いちう》とする肇国《ちょうこく》の大精神に基き世界平和の確立を招来することを以て根本とし先づ皇国を核心とし日満支の強固なる結合を根幹とする大東亜の新秩序を建設するに在り」を受けて、次のように述べた。

私は年来皇道を世界に宣布することが皇国の使命であると主張して来た者でありますが、国際関係より皇道を見ますれば、それは要するに各国民、各民族として各々その処を得せしむることに帰着すると信ずるのであります。即ち我国現前の外交方針としてはこの皇道の大精神に則り、先づ日満支を其一環とする大東亜共栄圏の確立を図るにあらねばなりませぬ。（中略）更に進んで我に同調する友邦と提携不退転の勇猛心を以て、天より課せられたる我が民族の理想と使命の達成を期すべきものと堅く信じて疑はぬ者であります。[54]

ここで、松岡は「日満支を其一環とする」といっているが、「大東亜共栄圏」という用語を使用した狙いが、ドイツに対して、講和会議開催前に、仏印と蘭印を自国の勢力範囲内に含めることへの事前承認を得ることであった[55]とすれば、当然、そこには仏印と蘭印をはじめする東南アジアが含まれていた。東南アジアをも共栄圏内に組み込もうとする狙いは、泥沼化した日中全面戦争への打開策、すなわち、援蔣ルートの断絶と重要物資の獲得という国防および経済上の利点から考察されたものであって、アジアの諸民族をして「各々処を得せしむる」という道義的目的から純粋に導き出されたものではなかった。

松岡洋右の名が一躍全国区になったのは、一九三一年一月、山口県選出の代議士として衆議院本会議において、日本の国防上および経済上必要不可欠であるという意味から用いた「（満蒙問題は）我が国民の生命線である」との発言によってであった。中国国民党による国権回収運動や世界恐慌の影響から経営危機にあった南満洲鉄道株式会社を救済しようと、その理事や副社長を歴任した松岡にしてみれば、それは当然の発言であっただろうが、「生命線」という絶妙なネーミングによって、国民の注目を集め、松岡は時代の寵児となった。つまり、当初、松岡は功利的な価値観を強く打ち出すことで、国民の人気を博したといえる。しかし、それから二年後の一九三三年二月、国際連盟総会で首席全権として連盟脱退を声明したことにより、帰国後は凱旋将軍のように迎えられ熱狂的な支持を集めた松岡は、日本が道義国家として歩むべきことを主張するようになる。「道義日本確立の急務」（一九三五年二月）と題する論文では、次のように、日本の生き残りではなく、人類全体主義を強調する。

皇道の上に形成せらるゝところの一国一体乃至世界大同、人類全体主義なるものは、畢竟するに、力ではなくて、道義をその根本とし、真髄としなければならぬ。皇道日本の再建設を叫ぶのは、独り日本のみではない。実に世界全人類の為めである。今の日本の姿、即ち外来の悪思想に祟られてるこの姿は、遺憾ながら、皇道を大分遠ざかつてる。吾々は世界に向つて皇道を宣布する前に、全人類弥栄《いやさか》の理想を云々する前に、須《すべか》らく自己を正さなければならぬ(56)。

その後の日独伊三国同盟や日ソ中立条約の締結を実現した松岡外交の展開を見る限り、松岡がホンネで「世界全人類の為め」という言葉を使用しているとは思えない。国際連盟脱退後、西洋文明への反発から国民の間で精神主義や日本主義的言論が盛んに唱えられるようになるが、松岡はその流行に乗って皇道や道義を主張し、大衆政治家となることを目指したのである。[57] そうした過程から推測すると、国防的外交的な利益の追求というホンネを隠し、アジアひいては世界人類の救済という「大東亜共栄圏」というタテマエを説くことは、松岡にとって政治家として成功する上での戦略的な意味を持っていたとさえいえるだろう。

米英との開戦直後に出された「宣戦の詔書」では、「帝国ハ今ヤ自存自衛ノ為蹶然起ツテ一切ノ障礙ヲ破砕スルノ外ナキナリ」と、戦争に踏み切ったホンネが明記されていた。それは、自存自衛の戦争を実際に指揮する大本営の陸海軍参謀たちが「大東亜共栄圏」構想に否定的であり、「宣戦の詔書」から「大東亜新秩序」の語句を排除することに成功したからである。[58] しかし、開戦から四日後の十二月十二日、東条英機内閣は、戦争の名称を「大東亜戦争」と決定、内閣情報局はこの名称を「大東亜新秩序建設」を目的とする意味だと新聞発表する。これによって、国民は、今戦っている戦争が自存自衛のためという以上に、大東亜の人々に安定と平和をもたらす道義的性格を有するものとして認識するようになる。ここに、それ以後「大東亜共栄圏」建設に駆り出された人々を翻弄し、今日においても「大東亜戦争」の実態を捉えがたくさせている一因がある。

一九四三年発行の企画院研究会編『大東亜建設の基本綱領』を繙くと、「大東亜共栄圏」のホンネとタテマエの関係が明確になる。ここでは、大東亜に広域経済圏を建設する第一目標をはっきり

「自主的国防経済の確立」と述べている。「我が国の国防的要求は同時に大東亜の要求に外ならない」と身勝手な論理を展開し、「自主的国防経済の建設に際しては何よりもまづ我が国の要求を考慮すべきである。我が国の自主自衛のため、各地域の要求が或る程度抑制せられ、場合によつてはその利益が幾分侵害されても蓋し已むをえないであらう」とまで述べる。[59] そして、当面の施策は「大東亜戦争」に勝つための戦力増強を目標とし、「戦争遂行に必要な重要資源の自給と緊要資財の整備充実に全力が注がれる」べきであり、「就中《なかんずく》鉄鉱、石炭、石油、銅、アルミ等の確保は焦眉の急であり、科学兵器、航空機、艦船等の増産は切実な課題である」と指摘する。[60] つまり、ホンネは、日本の自存自衛のために「大東亜」の地域を搾取することにほかならない。しかし、ホンネを公言すると、敵国との差異を見出すことができない。そこで、「大東亜共栄圏」というタテマエが必要とされたのである。

> 英・米の植民地搾取に代つて、我が国の植民地搾取が登場するのでは無意味である。大東亜経済建設は大東亜の民衆は勿論、ひろく全世界の人類に英・米支配とは異る何ものかを与へなければならない。ここに大東亜共栄圏といふスローガンが高く掲げられ、共存共栄の旗印のもとに新しき道義的な経済秩序の樹立が要請される所以がある。
>
> 大東亜広域経済にあつては利己に非ずして共栄が、搾取に非ずして共存が支配しなければならない。しかもこのことは決して我が国の立場が優先的に考慮され、我が国の要求が全面的に貫

かれることと矛盾するものではない。何となれば、我が国あっての共栄圏であり、日本あっての大東亜であるからだ。日本こそ大東亜の存立と発展の責任と実力を担ふものであり、その限り日本の要求は大東亜の要求であるといっても過言でなく、各地域は進んでその指導に服さなければならない。[61]

「大東亜」の軍政や文化工作に従事した者のなかには、タテマエの「共栄」を信じて、現地住民と関わろうとした者も少なくなかったことは事実である。軍政要員（司政官）として北ボルネオに赴任した関嘉彦は、赴任後まもなく、軍司令部開設一周年を記念する、軍司令部名の現地住民への布告の草案を書くことを命じられたさい、「アジアを英米勢力から解放した後それに自由を与える」といった「大東亜共栄圏」の意義を書いたところ、軍政参謀から「誰がそのようなことを決めたのだ、現地住民に対しては初めから力により威圧しなければ駄目だ」と大変な剣幕で怒られたという。[62]「今日の我々にとっては文化工作も民族対策もあらゆる政治経済問題も、すべては戦争目的に動員せられねばならない。即ち戦争完遂の手段としては搾取以外の何物も存在し得ないのだ。ただそれを如何に巧みに実行するかの問題があるのみ[63]」と、南方軍司令部付将校として軍政に関与した人物も述べているように、実際には「合法的略奪」というべき軍用手票の乱発による重要物資の獲得、現地住民の強制労働などの「搾取」が横行したのである。[64]

「経済の国際化」を説いてきた湛山にとっては、そもそも広域経済圏自体が経済発達の原則に反する「過去の歴史の逆転」であった。政治的理由から一時的に広域経済圏が作られたにしても、「永く人間の満足し難き所であるは明か」であり、「結局何等かの形で、世界経済にまで拡大すべき必然性をもつ」と主張する。[65]その一方、「大東亜戦争」が勃発すると、「大東亜共栄圏」に込められた「万邦をして各其の処を得せしめ」という「八紘一宇の理想」を「如何に現代の世界に具体化すか。之れを此の際考案し、以て世界に其の進むべき途を示すのが、我が国民に与えられた大なる使命である」「今回の聖戦は、畢竟此の我が国の理想に基く世界政策を実行することに於て、其の真の意義を発揮し得るものと信じます」と述べるようになった。[66]こうした発言が、一部の歴史研究者をして「大東亜共栄圏を熱狂的に支持する」との誤解を生じさせた要因でもある。「大東亜共栄圏」が結果的にアジア諸地域の人々に犠牲を強いた欺瞞に満ちたものであることが明確になった現在とは違い、「大東亜共栄圏」建設途上での湛山の発言は、当時の時代状況のなかで慎重に読み解いていく必要がある。

湛山は、「大東亜戦争」に突入してからも、「国際関係は、何時も利害関係に依って支配される。利害を度外に置いた外交などと云うものはありません。無論国際間にも道徳はあります。併し其の道徳は、恰度《ちょうど》商売の道徳と同じく、夫々の国の利害と離れたものではないと云うことを知らねばなりません」[67]と、持ち前の自他不二説によって国際関係を捉えていた。また、「大東亜共栄圏」のタテマエに過ぎない「万邦をして各々其の処を得せしめる」という理想は、世界のいずれの国においても実現したことのないものであり、「我々はそれを独自に考え、且つ却て我が国が世界に見本を示さねばならぬ」と主張する。[68] ここでは、かつての論文「大日本主義の幻想」のなかで説かれた「自由解放の世界的盟主」としての日本の使命感が依然として示されている。「畢竟大東亜共栄圏と申しても、世界の一部」「大東亜共栄圏は単にそれだけで考えることなく、常に世界新秩序の一環として観念することが必要[69]」と考え、共栄圏内においては「諸民族に夫々其の処を得せしめ」、共栄圏外においても「夫々の国民に適当の満足を与える[70]」というように、世界全体に及ぶ壮大な使命を思い描いていた。それは、一見、「人類史上ニ一新紀元ヲ劃スベキ新タナル構想ノ下ニ大東亜永遠ノ平和ヲ確立シ、進ンデ盟邦ト共ニ世界新秩序ノ建設ヲナサント致シマスルコトハ、正ニ曠古ノ大事業デアリマス」という東条英機首相の施政方針演説（一九四二年一月二十一日）での発言[71]と歩調を合わせているもののようにも見える。しかし、湛山の構想には、東条の「大東亜共栄圏建設ノ根本方針ハ、実ニ肇国ノ大精神ニ淵源」というような観念的な発想は全く見られず、その実現に向けて具体的な見解を提示するのである。

湛山は、「大東亜共栄圏」と日本の経済関係に関して、経済評論家としての知見に基づき、次のような極めて現実的な見通しを提示する。

我が国には、今度南方の諸地域が我々の共栄圏に入ったから、物資が俄に豊富になるだろうと考える人があります。例えば南洋にはボーキサイトが幾らでもある。砂糖も、ゴムも、錫《すず》も剰《あま》る程ある。鉄も豊富だ。石油も沢山にある。もう我が国は、此等の物資を得るのに困らない。

斯う申すのであります。併し之れは可笑《おか》しな話で、米英等が我が国に対して露骨の敵性を現し、資産凍結等を行わなかった前は、我が国は自由に南洋の此等の資源を利用し得たのです。我が国が買おうとすれば、何等故障は無かったのです。（中略）けれども勿論我が国は、此等の物資を有り剰って困ると云うほどに手に入れ得なかった。それは何う云うわけかと申すと、畢竟我が国に、それ程此等の物資をふんだんに買う力が無かった故です。之れは大東亜共栄圏が建設されても同じ事です。如何に共栄圏内の諸地域と雖も、只で物は生産出来ません。従って只で之れを我が国に持って来ることは出来ません。況や、今後南方の資源を更に開発し、大いに石油を出し、鉄を出し、ボーキサイトを出そうとすれば、先ず以て茲に資本をつぎ込まねばならない。それは今まで満州や支那に於て、我々の経験した所です。（中略）開発の為には機械も要《い》る、働らく人達の着たり食ったりする物も要る。其等を日本から持って行かねば開発が出来ぬ。(72)

「大東亜共栄圏」の「各其の処を得せしめ」という道義的目的を遵守する限り、そこでの搾取や略奪といった非法な行為は許されるものではなく、日本国自体の経済力を向上させることでしか、そこでの資源を得ることはできない。そこで、湛山は、日本の産業機構を改革し、生産を増加し、国民所得を殖やすべきことを主張する。我が国の生産不振の最大原因を「人口の殆ど半分に近い国民が、農家平均一戸一町前後と云う小面積を耕作する世界無比の零細農業を営んでいること」に見出し、「我が国の農業人口は三分の一に減じ、一面農家の平均耕作面積を増すと共に、大に工業従業者を殖《ふや》さねばならぬ」と主張するのである。[73] つまり、日本の自存自衛のために「大東亜」の国々の産業組織を都合よく変えることを否定し、日本自身の産業組織の変革を説いたのである。これまで「大東亜共栄圏」地域の経済は、「大東亜共栄圏」外の地域に大きく依存しており、圏外地域との貿易を断絶し、圏内のみで自給自足すると、砂糖をはじめとする数々の資源が余ることになる。重要な生産物である砂糖に関しては、国防上、「大東亜」の遠隔地からの供給に頼ることは危険であり、台湾における生産を現状維持し、過剰分はフィリピンやジャワ地域における減産で対処すべきであるとの意見が出されたが、「大東亜共栄圏」の「各其の処を得せしめ」を「最も適当とする処に適当の物を生産する」と経済的に解釈する湛山は、次のような論理で否定する。

若し砂糖は、ジャバが最も適当の産地なら、ジャバに之れをまかせるが善い。その為め台湾の砂糖が不利益に陥るなら、之れは潔く他の生産物に転換する。之れだけの雅量が無くて、何うして大東亜共栄圏の建設が出来ますか。否、雅量ではない。実は我が国の利益を考えても、そうでなければ、今後の経済は立ち行かないでありましょう。何故かと申せば、適処に適当の物を生産しないで、従来の我が国の生産は飽まで之れを維持すると云うことでは、つまり大東亜共栄圏を最も効果的に生かすことになりません。従てそんな経済は必ず弱体たるを免れず、共栄圏内民衆を悦服することも出来ないに相違ないからであります。[74]

ここには、湛山特有の功利と道義を調和する自他不二説が見事に展開されている。

そして、興味深いことに、戦争が敗色濃厚となるにつれて、湛山の「大東亜共栄圏」論は、一層、「世界新秩序」に結び付けて主張されていくのである。日本海軍が大敗北を喫したブーゲンビル島沖海戦直後には、大東亜会議において採択された「大東亜共同宣言」の「一、大東亜各国ハ万邦トノ交誼ヲ篤ウシ人種的差別ヲ撤廃シ普ク文化ヲ交流シ進ンデ資源ヲ開放シ以テ世界ノ進運ニ貢献ス」との条文を米英に対する政治的ないし思想的な大攻勢であると評価し、「独り大東亜のみでなく、世界全体の秩序を建て直す責任は我々の双肩にかかる」「旧来の大東亜共栄圏の思想は、是非共世界共栄圏の思想にまで発展しなければならぬ」と主張した[75]。さらに、一九四五年五月、ナチス・ドイツが敗北し、「奇蹟は今日の戦争には現れない[76]」と、近い将来における日本の敗戦を悟った湛山は、「大東亜各国が相提携し大東亜を建設するのは、ただこの世界平和の確立に寄与するために外ならない[77]」と、改めて「大東亜共栄圏」建設の道義的目的を確認し、持ち前の「経済の国際化」論から世界が一つになるべきことを主張する。

経済そのものは運輸・交通・通信機関の発達、文化の世界的普及等により世界一体化を要求し、事実またそれが逐次実現されつつあるにかかわらず、政治は依然として旧形式を存続して世界を狭き国境によって小分し、したがってその政治の下に形成せられたる経済機構は経済の世界一体化を妨げつつある。ここにすなわち既存の経済機構と人類の要求との矛盾を発生し、いわゆる持たざる国と持てる国との悩みが生ずるのである、（中略）以上の矛盾を除去し現代の悩みを一掃する最も直截簡明の方法は世界を一国家となすにある。わが国の八紘一宇の思想はここに現代的解釈が成り立つ。(78)

しかし、そうはいうものの世界国家への道のりは現実的には遥かに遠い。そこで、湛山は、現在の国境を維持しながら、経済的に可能な限り世界一体化をはかる「世界経済機構」の建設を主張する。それは、それぞれの国内経済の外に、「広域経済」（広域内国際経済）、さらには「世界経済」（広域圏際経済）の枠を設けようとするもので、「広域経済」は「常設国際委員会」が、「世界経済」は「常設圏際委員会」が「正しき分業の原則」に従い、「各国、各地域および全世界の資源の開発、活用」「各国、各地域およびその他の生産諸要素の完全稼働」「各国、各地域および全世界の人および全世界の民衆の生活程度および文化の向上と均衡化」を目的として、経済計画を立てて実行するというものであった。「常設国際委員会」および「常設圏際委員会」には「審判所」を付設し、委員会の決定に不服ある各国政府および住民の訴願を審査する。本機構は「世界経済連盟」と称し、各国は条約をもって加入し、不加入や脱退は自由であるという。(79) 湛山は、敗戦の三ヶ月前に、戦争の最大要因である経済不均衡を徹底的に削ぐ世界レベルの壮大な経済機構を構想し、やがてきたるべき世界平和に期待を膨らましていたのである。

おわりに

湛山が年来抱き続けてきた世界平和への願望、そして、日本が世界平和に向けて率先して行動するという大きな期待は、皮肉なことに、我が国の敗戦によって一気に高まる。国民の多くが敗戦のショックから立ち直れないでいるなか、「更正日本の門出――前途は実に洋々たり」（一九四五年八月）と題する論説を発表、「我が国は、なる程従来の領土の或部分を失い、又軍備産業等にも制限を受けざるを得ない。併し此等が抑《そもそ》も生々発展せんとする日本国民に取って何程の妨げをなそう」と、大日本主義の道を閉ざされても悲観することなく、「日本国民は将来の戦争を望む者ではない。それ所か今後の日本は世界平和の戦士として其の全力を尽さねばならぬ。茲にこそ更正日本の使命はあり、又斯くてこそ偉大なる更正日本は建設されるであろう」と、平和国家としての新たな方向を指し示したのである(80)。

そして、湛山の外交思想の到達点を示すのが、「日中米ソ平和同盟」構想である。二ヶ月たらずの首相を務めた後、湛山は東西冷戦の打破を目指し、日本、中国、アメリカ、ソ連の四ヶ国が同盟を結ぶという壮大な構想の実現を目指した(81)。冷戦体制の打破は、世界平和への大きな一階梯であることはもちろん、我が国の領土問題を解決する上でも喫緊の課題と考えられたのである。日本固有の択捉島、国後島、歯舞諸島、色丹島が、戦後、ソ連軍に占領され、その後の外交交渉においても返還されないのを、経済的な理由ではなく、軍事上の問題、それも日ソ間というより米ソ間の問題であると主張する。

米国が琉球・小笠原その他日本各地に沢山の軍事基地をもち、ソ連にとって脅威となっているのに、そのうえ更に南千島を日本に返還し、そこに米軍が入りこんで来るような事にでもなれば、ソ連は益々不利になる、従ってソ連は国防上南千島を確保しなければならぬと主張するのである。だから米ソ間の対立を無くし両国間の軍事上の争いを取り除いてもらわねば、日本がどれほど日ソ平和条約の締結を急いでも無駄である。換言すれば、日本とソ連との関係を良化するにも、先ず米ソ関係を改善しなければならない。かかる理由により米ソ関係を改善する事は、他人事ではなく日本自身の問題である。[82]

「他人事ではなく日本自身の問題である」というように、ここでも、湛山の功利主義的な外交政策は健在である。そして、それは、道義大国としてもふさわしい行動と考えられたのである。

近頃世界に於て最もニガニガしき現象は、米ソを夫々中心として自由主義国と共産主義国が互いに不信呼ばわりを逞しくし、てんで相手の言に耳をかたむけようとしないことである。就中その狂態は米ソ両国に取って甚だしい。今や両国は、世界平和について重大なる責任を負い人類の死活を握る位地にあるに拘らず、その位地を忘れ去った如く見える。両国ともに世界の大国たるに価せぬ国というべきだ。日本はかねて自由主義国として、米国を先頭としてその指揮下に立った国であるが、今後は最早左様にしておられぬ。日本小なりと雖も、理に従い義によって人類のため自ら是を是とし非を非とし、行動することを声明すべきである。非には従わぬ、これこそ我が国の立場である。(83)

新安保条約締結後のアメリカ追従外交を否定し、道理や道義に従い世界の平和と人類の幸福のために貢献する自主外交の道を取るべきことを主張したのである。しかも、その実現を目指し、病軀をおして、一九五九年と六三年には中国、六四年にはソ連を訪問する。ソ連訪問は、運悪くフルシチョフ首相の失脚に遭遇したため会見が実現しなかったが、中国訪問は、周恩来首相との間で「共同コミュニケ」を発表する等、日中友好に大きな足跡を記し、後年の国交回復にまでつながっていった。

功利的に徹底することは、道義的にも大きな意味を持つ、あるいは、道義的に徹底することは、功利的にも大きな価値をもたらす。功利的にも道義的にも曖昧になりがちな今日、湛山から得られる教訓は大きいだろう。

(1) 姜克實『石橋湛山の思想史的研究』早稲田大学出版部、一九九二年、一七六頁。

(2) 井出孫六「湛山逍遥―いま、石橋湛山から何を学ぶのか」『自由思想』一四四、二〇一七年三月、二六~二七頁。
(3) 増田弘『石橋湛山―思想は人間活動の根本・動力なり』ミネルヴァ書房、二〇一七年、六頁。
(4) 「第四十八回中央教化研究会議:全体会議(分科会報告)」(『現代宗教研究』第五〇号、二〇一六年三月)を参照。その「第一分科会　石橋湛山に学ぶ日蓮的精神」では、日蓮と石橋湛山の共通点として、「人々の苦しみを受け止めて共感するという大きな慈悲」「自分しかいないという大いなる使命感と不退転の決意」「冷静で現実的な智慧に基づく行動力」の三点をあげている。また、日蓮宗現代宗教研究所の戸田教敞は、田中智学らの日蓮主義や在家仏教論からの影響を湛山に見ている。戸田教敞「石橋湛山にみる近代仏教の特質―在家仏教と日蓮主義」『現代宗教研究』第五一号、二〇一七年三月。
(5) 望月の日蓮論を明確にし湛山の日蓮理解との共通性を指摘した研究に、望月詩史「石橋湛山の日蓮論」(『同志社法学』六一巻三号、二〇〇九年七月)がある。
(6) 徳富蘇峰「日謙老師を憶ふ」日謙上人余香編輯委員会編『日謙上人余香』身延山久遠寺、一九四三年、一八五頁。
(7) 堀内良平「望月法首追悼の辞」前掲『日謙小人余香』二七二頁。
(8) 桧垣清人編『八聖殿講演集』第一輯、日本講演通信社、一九三四年、一七七頁。
(9) 渡辺慈済『堀日亨上人の御遺徳に捧ぐ』第三文明社、二〇〇五年、四四~四五頁。
(10) 前掲『日謙上人余香』四一頁。
(11) 望月日謙「世界教化の精神と日蓮聖人」『日本及日本人』一九三八年二月号、九〇頁。
(12) 同右、九三頁。
(13) 渡邊寶陽「身を以て実行した、批判と自立の日蓮の精神」『自由思想』一一八号、二〇一〇年五月、九頁。
(14) 「異体同心事」文永十一年八月、『昭和定本日蓮聖人遺文』(改訂増補版)第一巻、身延山久遠寺、一九八八年、八二九頁。
(15) 「消夏随筆」『石橋湛山全集』第一六巻、東洋経済新報社、二〇一一年、一四頁。
(16) 同右、一四~一五頁。
(17) 同右、一五頁。〔 〕内は引用者注。
(18) 「社員会雑話」一九三九年八月、『石橋湛山全集』第一一巻、一九七二年、五六〇頁。
(19) 『湛山回想』一九五一年、『石橋湛山全集』第一五巻、一九七二年、九二頁。
(20) 「常不軽の行」初出年月不明、『石橋湛山全集』第一三巻、一九七〇年、五〇六頁。
(21) 佐藤弘夫『日蓮―われ日本の柱とならむ』ミネルヴァ書房、二〇〇三年、二〇六頁。

(22)「崇峻天皇御書」建治三年九月、『昭和定本日蓮聖人遺文』(改訂増補版)第二巻、一九八八年、一三九七頁。
(23)「鏡中条時代の思出」一九四三年十月、『石橋湛山全集』第一二巻、一九七二年、六〇八頁。
(24)石橋湛山『湛山座談』岩波同時代ライブラリー、一九九四年、一六三頁。
(25)「佐藤首相訪米の成果を買う」一九六五年二月、『石橋湛山全集』第一四巻、一九七〇年、四〇七頁。
(26)菅野博史「一念三千とは何か―『摩訶止観』正修止観章」第三文明社、二〇一七年、六七～六八頁。
(27)同右、六八頁。
(28)「一大聖教大意」正嘉二年二月、『昭和定本日蓮聖人遺文』(改訂増補版)第一巻、七三頁。
(29)「罪悪は人生の華」一九二九年十二月、『石橋湛山全集』第七巻、一九七一年、五四〇頁。
(30)「食物三徳御書」執筆年月不詳、『昭和定本日蓮聖人遺文』(改訂増補版)第二巻、一六〇七頁。
(31)松岡幹夫『仏教とお金』柏艪社、二〇一七年、一八〇頁。
(32)「利己主義の福音」一九一三年十二月、『石橋湛山全集』第一巻、一九七一年、五三三～五三四頁。
(33)『撰時抄』建治元年、『昭和定本日蓮聖人遺文』(改訂増補版)第二巻、一〇一七頁。
(34)『顕仏未来記』文永十年閏五月、『昭和定本日蓮聖人遺文』(改訂増補版)第一巻、七四一頁。
(35)「女学生の反抗、武力的戦争の廃止、救世軍の堕落」一九一一年七月、『石橋湛山全集』第一巻、一七六～一七七頁。
(36)「戦争謳歌論を排す」一九一五年一月、『石橋湛山全集』第一巻、三九四頁。
(37)「可愛ゆい児には旅」一九一五年三月、『石橋湛山全集』第二巻、一九七一年、三二八頁。
(38)前掲姜『石橋湛山の思想史的研究』一六七～一六八頁。
(39)田中王堂『改造の試み』新潮社、一九一五年、二五一頁。
(40)同右、二四九頁。
(41)前掲『徹底個人主義』一五四頁。
(42)「大日本主義の幻想」『石橋湛山全集』第四巻、一九七一年、一六頁。
(43)同右。
(44)同右、二一頁。
(45)同右、二八～二九頁。
(46)同右、一九頁。

(47) 同右、一一九頁。
(48) 「満蒙新国家の成立と我国官民の対策」一九三二年二月、『石橋湛山全集』第八巻、一九七一年、六六頁。
(49) 「日支衝突の世界的意味―連盟委員に寄す」一九三二年三月、『石橋湛山全集』第八巻、七四頁。
(50) 「軍備縮少会議」一九三二年二月、『石橋湛山全集』第一六巻、二〇〇頁。
(51) 「日本国民の性質と日本経済の趨向」一九三三年四月、『石橋湛山全集』第一六巻、二一一頁。
(52) 「経済の国際性」一九三二年十月、『石橋湛山全集』第一六巻、二〇〇六〜二〇〇七頁。
(53) 森武麿『アジア・太平洋戦争』(『日本の歴史』二〇巻)集英社、一九九三年、二一九〜二二〇頁。
(54) 松岡洋右著・外交問題研究会編『松岡外相演説集』日本国際協会、一九四一年、五頁。
(55) 河西晃祐『大東亜共栄圏―帝国日本の南方体験』講談社、二〇一六年、三一頁。
(56) 松岡洋右『昭和維新―道義日本確立の急務』第一出版社、一九三八年、一九三頁。
(57) 松岡の生涯に関しては、三輪公忠『松岡洋右』(中公新書、一九七一年)を参照。
(58) 中野聡「『持たざる国』の限界と危機感が招いた戦争」『週刊　新発見!日本の歴史』四三号、二〇一四年五月十一日、五頁。
(59) 企画院研究会編『大東亜建設の基本綱領』同盟通信社、一九四三年、一一九頁。
(60) 同右、一二七頁。
(61) 同右、一二三〜一二四頁。
(62) 前掲関『私と民主社会主義』五四頁。
(63) 榊原政春「日記」一九四二年八月十七日条、榊原政春『一中尉の東南アジア軍政日記』草思社、一九九八年、二四三頁。
(64) 東南アジア地域での「搾取」の実態については、小林英夫『日本軍政下のアジア』(岩波新書、一九九三年)、内海愛子『資源の戦争―「大東亜共栄圏」の人脈・物流』(岩波書店、二〇一二年)、中野聡『東南アジア占領と日本人』(岩波書店、二〇一二年)を参照。
(65) 「広域経済と世界経済」一九四一年五月、『石橋湛山全集』第一二巻、二〇五頁。
(66) 「今次大戦の思想的背景と将来の世界」一九四二年一月、『石橋湛山全集』第一二巻、一〇五頁。
(67) 「大東亜戦争と共栄圏経済の若干問題」一九四二年四月、『石橋湛山全集』第一二巻、一一九〜一二〇頁。
(68) 同右、一二一頁。

(69) 同右、一三二頁。
(70) 同右、一二四頁。
(71) 「第七九回帝国議会（通常会）における施政方針演説」、内閣官房編『内閣総理大臣演説集』大蔵省印刷局、一九六六年、三〇八頁。
(72) 前掲「大東亜戦争と共栄圏経済の若干問題」一二六～一二七頁。
(73) 同右、一三〇～一三二頁。
(74) 同右、一二九頁。
(75) 「ブーゲンビル島沖海戦」一九四三年十二月、『石橋湛山全集』第一二巻、五二八～五二九頁。
(76) 「ベルリン最後の光景―奇蹟は遂に現れず」一九四五年六月、『石橋湛山全集』第一二巻、一八七頁。
(77) 「世界平和の破れたる根本原因」一九四五年五月頃、『石橋湛山全集』第一二巻、二五二頁。
(78) 「戦後世界経済機構案」一九四五年五月、『石橋湛山全集』第一二巻、二五七頁。
(79) 同右、二五七～二五八頁。
(80) 『石橋湛山全集』第一三巻、五～六頁。
(81) 「日中米ソ平和同盟」構想に関しては、姜克實『晩年の石橋湛山と平和主義』（明石書店、二〇〇六年）を参照。
(82) 「『日中米ソ平和同盟』の提唱―はたしてできない相談か」一九六一年八月、『石橋湛山全集』第一四巻、三九六頁。
(83) 同右、四〇〇頁。

終章

近代日本における思想家の第一世代といえる福沢諭吉と加藤弘之が直面した最大の問題は、西洋文明との接触であった。多感な十代後半でペリー来航の衝撃を受け止めた彼らにおいて、圧倒的な物質的設備を誇る西洋諸国の侵略を防いで、日本の国家的独立を維持することが、その生涯における至上課題となった。幕末期はともに幕臣であったが、明治維新以降は民官に分かれて、それぞれのスタンスから課題の解決を試みていくことになった。福沢は比較文化論、加藤は社会進化論を学ぶことで、西洋諸国の脅威を強く認識し、一刻も早く、我が国が西洋に対抗できる産業・軍事力を有する近代国家として発展することを願うようになる。江戸時代を通じて重んじられてきた道義的価値観は、封建秩序を維持するのに必要なものであるが、急激な西洋化・近代化を実現するためには無用有害である。欲望や利己心を肯定する功利的価値観こそ新しい時代にふさわしいものと考えられた。福沢と加藤は、幼少期に封建秩序がもたらす矛盾や不合理に苦しめられた経験があったため、道義へのこだわりや愛着が少なく、まっしぐらに功利へと目を転じることができたのであろう。そうした彼らの研究・評論活動を通じて、多くの国民が、前時代まで軽んじられていた功利的価値観を尊重するようになり、それは、やがて極端な個人主義や国家主義を生み出すことにもなり、国内的には貧富の格差や公害などの社会問題、対外的には他国への干渉や侵略を出現させることになったのである。

功利的価値観の蔓延がもたらす弊害に敏感に反応し、その言論において道義的価値観を強く打ち出したのが、近代日本における思想家の第二世代に属す、内村鑑三と幸徳秋水であった。彼ら二人は、キリスト教と社会主義というように、それぞれバックボーンは異なっていたが、足尾銅山鉱毒事件や日露戦争などを取り上げて、資本家や政府の功利的姿勢を強く攻撃した。ともに幼少期、明治維新に伴う生家の没落という憂き目に遭うとともに儒教教育を受けていたこと[1]もあり、西洋文明やそれを支える功利的価値観への強い反発があり、その一方で、道義的価値観を懐かしむ思いが強かった。日清・日露の対外戦争に勝利し、産業革命を順調に経て近代国家としての発展を遂げていくなか、内村と幸徳は、近代化の弊害に苦しむ人々や事象に目を向けて評論活動を展開し、アウトサイダー思想家としての地位を確立していく。その評論は、一部の熱狂的な愛読者・支持者に歓迎される一方で、一般社会からは異端視されていった。そうした強い孤独感・疎外感が、彼らをして、前時代の価値観である道義を頑ななまでに主張させることになったともいえるだろう。道義の前に自らが犠牲となるのもやむなしという「自己犠牲」の精神さえ説かれるにいたるが、ここには、戦死やテロリズムを容認する可能性を孕んでいたのである。

内村や幸徳と同世代で大学教授として社会の中枢で華々しく活躍したのが、浮田和民と戸水寛人である。彼らは、内村や幸徳とは異なり、帝国主義の最盛期において、日本も帝国主義国家として発展することを望んだ。社会進化論の影響を強く受けていた彼らには、帝国主義下の列国間競争は永続するものと思われていた。第一世代の福沢や加藤と同様、国家の独立維持こそ彼らの至上課題であった。それは、日本を代表する学者・教育者としての責務であると考えられたに違いない。また、そうした責務に基づき、内村や幸徳が視線を向けた社会の下層階級へも手を差し伸べようとするものであった。ただ、それは下層階級の目線に立ったものではなく、上からの温情主義的性格が強く、あくまで強大な国家を構成するための配慮という意味合いのものであった。そして、福沢や加藤と異なり、浮田や戸水は、倫理や人道という言葉を用いて道義的価値観も主張した。それは、教育勅語発布以降、国民道徳の強化が叫ばれて、道義的価値観が復権する時代状況のなかで、自己の言論の正当性を得るための外面的工夫であったともいえる。つまり、ホンネとしての功利的目的を遂行する上でタテマエとしての道義的価値観を主張するという言論スタイルが彼らによって確立されていったのである。ここに、後年の東亜新秩序や大東亜共栄圏の論理と共通するものを見出すことができよう。

近代日本の第二世代でありながら、内村と幸徳、さらには、浮田と戸水とも異なる視点から帝国主義や日本の近代化を考察したのが、小野塚喜平次、牧口常三郎、田中王堂であった。彼らは人間の進化を悲観的に考えなかった。列国間の激烈な競争さえもやがて終焉が来るものと信じていた。彼らは観念的な思考に陥ることなく、人間や社会を全体的な視野から自由に眺めることができた。人間を社会的立場や肌の違いで差別することなく、あらゆる人間のなかに普遍的な人格が存在していることを疑わなかった。人間には、欲望や感情を整理していく能力が備わっていると見ていた。国家をはじめとする社会の最大の存在意義も、各人をして普遍的な人格を自覚させ成長させることにあると解釈していたのである。彼らが教育者として多くの人材を育てることに情熱を注ぐとともに、社会のあり方や改革について積極的な発言を行いえたのも、そうした考えに基づいていた。彼らは、人間の可能性を信じていたため、上から押さえつけるのではなく、主体的自律的に思考し行動すべきことを説いた。彼らにとっての道義とは、国民道徳のような狭い枠に捕われるものではなく、各人が自己の内発的な思索を通じて得られるはずのものであった。そこでは、自らの欲望や利己心さえ道義的な目的を果たすために機能すべきものとなる。彼らをして、道義と功利が調和された言論が展開された所以である。

そして、小野塚、牧口、王堂の影響を受けた土田杏村、河合栄治郎、石橋湛山は、「大正教養主義」と呼ばれる明治末期から昭和初期にかけての理想主義的思潮のなかで思想形成を遂げていった。彼らは、既成の宗教や哲学に満足できず、いかに生くべきかとの本源的な課題の探究に自らが真摯に取り組み、解答を得ようとした。その結果、時代やイデオロギーを超えた普遍的な思想を引き出すにいたったのである。しかも、彼らは現実社会の問題にも無関心になりえず、社会科学や社会批評の世界に積極的に進出して、建設的な意見を発表していった。昭和初期、マルキシズムやファシズムが猛威を振るうと、彼らは人間中心の考えに立ち、人間性を抑圧する思想や運動を痛烈に批判していった。それは、他国の人間性への蹂躙に対しても牙を剝くことのできるものであった。湛山の植民地放棄論はその象徴的なものである。湛山ほど進歩的ではないにしろ、杏村や河合も日本の帝国主義に蹂躙されつつあったアジア諸国の主権を尊重していたのである。このように、一九二〇、三〇年代における彼らの言論活動が近代日本におけるリベラリズムの一つの到達点を示していたことは明らかである。しかし、中国との全面戦争から「大東亜戦争」へ突入して未曾有の国家的危機を迎えるや、彼らのリベラリズムは、当然のことながら、戦時体制の前に抑圧され変容を余儀なくされていった。戦後、彼らの思想の復権が期待されたが、大量生産・大量消費社会の進展とともに、その思想は一般的に受け入れられなくなっていった。[2] 人間は、物質的に満たされて快適な生活に慣れると、本源的な問いを忘れてしまうものらしい。

地球温暖化や原発の問題を抱え日常生活においてさえ生命の危険が感じられつつある一方、近代文明自体を放棄することはもはや不可能な程度に依存せざるをえない今日、近代日本の思想家から学ぶべきことは多々あるように思う。

（1） 高崎藩士の長男として生まれた内村は、藩内きっての儒学者であった父から儒学に関する英才教育を受け、数え年五歳にして『大学』を読み出したという。廃藩置県後、父は失職、東京大学予備門に学ぶものの経済的困窮から官費生の特典を有する札幌農学校へ入学することとなった。関根正雄編著『内村鑑三』（清水書院、一九六七年）を参照。幸徳の生家は土佐中村の富裕な薬種業者であったが、維新以降、父が亡くなったこともあり没落する。九歳の時、地元の儒学者木戸明の私塾に入塾、五経をはじめとする漢籍を学ぶ。長じてからも、中江（兆民）家の学僕となり、漢籍・漢詩を集中的に学んだ。大原慧『幸徳秋水の思想と大逆事件』（青木書店、一九七七年）を参照。

（2） 河合の直弟子で、その著作を出版していた社会思想社の責任者であった関嘉彦によると、一九五一年頃から急速に河合の著作が売れなくなっていったという。渡部昇一・関嘉彦「なぜ、今、河合栄治郎か」『かくしん』一六一号、一九八四年一月、七一頁。

あとがき

半世紀以上日本人として生き、四半世紀以上日本史研究者として過去の日本人の残した史料を読む機会に恵まれるなかで、気づいたことがある。この国の人々には、自らの欲望や感情を剝き出しにすることに対して一定の拒否反応が存在するということだ。社会的地位が高ければ高い人物ほど欲望や感情に対する自制が求められるのである。我が国においては、ドナルド・トランプのような人物が首相に選ばれることはないだろう。戦前はともかく、民主主義が実現してからというものの、違法と断定されなくとも、不道徳として、数多くの政治家や官僚が断罪されてきた。その一方、「世のため人のため」という無私の精神は、様々な場面で美徳として讃えられてきたのである。特定の信仰を持つことの方がめずらしいといえる我が国において、なぜ、そうした傾向が見られるのか。長い間、大きな疑問であった。

二〇一三年、著者が親炙してきた芳賀綏先生が『日本人らしさの発見―しなやかな〈凹型文化〉を世界に発信する』（大修館書店）を上梓された。当書は、先生の本拠とする国語学のほか、文化人類学、地理学、考古学、歴史学、民俗学、政治学、社会学、動物学などの広範囲に及ぶ学術成果を取り入れて、世界の民族の基本的性格は、人種や生理的ＤＮＡではなく、風土とそれに応じた生業の成立・発展によって形成されるとし、凸型文化と凹型文化に分類する。ユーラシア大陸の大半を占める乾燥地帯では、牧畜という生業の伝統により、他者を支配しようとする攻撃性の凸型文化が形成されたのに対して、多雨湿潤の気候で豊饒な海に囲まれ、稲作漁撈を生業としてきた日本列島には、他者との和合を求める、やわしき心を本領とする凹型文化が受け継がれてきたと結論する。突出した個人的な行動が疎まれ、他者との協調性を重視する日本人特有の精神は、こうした凹型文化に起因していたことを教えられたのである。

その後、凹型文化の特質を日本近代思想史にあてはめて考察できないかと思案していたところ、思い付いたのが「道義」と「功利」というテーマであった。そうした構想を芳賀先生にお伝えしたところ、一書に纏めるよう勧められ、出版社紹介の労まで取ってくださった。こうして完成したのが本書である。残念なことに、芳賀先生は昨年十月三日に他界された。ご逝去の五日前に、お見舞いに伺ったさいも、本書の進捗状況を気にされていた。ご生前に本書をお目にかけることができなかったのが大変悔やまれる。心からの感謝を込めて天国の先生に本書を捧げる。

そのほか、本書の完成に至るまで、多くの方々にお世話になった。秋山清子氏（河合栄治郎御弟子）、行安茂先生（岡山大学名誉教授）、河合浩子氏（故河合武氏御夫人）、川西重忠先生（桜美林大学名誉教授）、清水正之先生（聖学院大学学長）、小泉陽子氏（河合栄治郎御令孫）、清滝仁志先生（駒澤大学教授）、佐々木英和先生（宇都宮大学教授）、芝田秀幹先生（沖縄国際大学教授）、伊藤貴雄先生（創価大学教授）には、報告の機会や貴重な資料を提供していただいた。衷心より感謝の念を申し上げる。そして、村松晋学科長をはじめ勤務先の聖学院大学日本文化学科の先生方には、日頃より様々な面で助けていただき、最高の研究環境に身を置くことができている。深謝申し上げる。また、本書の出版にさいして尽力していただいた、北樹出版編集部の古屋幾子氏に厚く御礼を申し上げる。最後に私事にわたることであるが、貧しい非常勤時代、経済的な援助を惜しまず、見守り続けてくれた義父母の茂木信一・豊子に感謝の意を捧げたい。

二〇一八年六月

松井　慎一郎

人名索引

サ行

タ行

ラ・ワ行

著者略歴

松井　慎一郎（まつい　しんいちろう）

1967 年 10 月 9 日生まれ
1990 年　同志社大学文学部文化学科文化史学専攻卒業
2001 年　早稲田大学大学院文学研究科博士後期課程史学（日本史）専攻単位取得。博士（文学）。
現　在　聖学院大学人文学部日本文化学科准教授

主著等

『評伝河合榮治郎』（玉川大学出版部、2004 年。『戦闘的自由主義者河合榮治郎』〔社会思想社、2001 年〕を改題・改定）
『河合栄治郎―戦闘的自由主義者の真実』（中公新書、2009 年）
『赤城山日記―河合榮治郎若き日の日記』（編著、桜美林大学北東アジア総合研究所、2013 年）
『教養の思想』（共著、河合榮治郎研究会編、社会思想社、2002 年）
『枢密院の研究』（共著、由井正臣編、吉川弘文館、2003 年）
『イギリス理想主義の展開と河合栄治郎』（共著、行安茂編、世界思想社、2014 年）

近代日本における功利と道義――福沢諭吉から石橋湛山まで

2018 年 9 月 15 日　初版第 1 刷発行

著　者　松　井　慎一郎
発行者　木　村　哲　也

・定価はカバーに表示

印刷　中央印刷／製本　川島製本

発行所　株式会社　北 樹 出 版

〒153-0061　東京都目黒区中目黒 1-2-6
電話(03)3715-1525(代表)　FAX(03)5720-1488

ISBN 978-4-7793-0583-2